高等职业教育本科“十四五”规划教材
“广西农业职业教育集团合作办学”项目系列教材
“广西高职示范特色专业及实训基地建设”项目教材

风景园林设计专业
创新创业指导与案例分析

兰　益　主编

中国农业大学出版社
·北京·

内容简介

本书按照“行动导向，教学做合一”的职业教育理念，采用创新创业基础理论、园林景观行业企业真实项目和融入思政元素的真实创业案例进行编写，全书分为构思园林景观行业创新创业项目、园林景观行业微型企业的创新创业项目、园林行业中小型企业的创新创业项目和撰写创业计划书与项目评估这四大项目，每个项目都有一个实训任务，实训任务按照激发创业意识、创业准备、模拟企业申办的创业流程进行安排，是具有显著的理论实用性、案例原创性、项目可操作性的大学生创业教育和辅导的针对性教材。

本书可作为高等职业院校园林类专业的教学用书，同时可供有志于园林行业创业的社会人士参考阅读。

图书在版编目(CIP)数据

风景园林设计专业创新创业指导与案例分析 / 兰益主编. -- 北京：中国农业大学出版社，2022.4

ISBN 978-7-5655-2763-0

Ⅰ.①园… Ⅱ.①兰… Ⅲ.①园林设计－建筑企业－创业－案例－中国 Ⅳ.①F426.9

中国版本图书馆 CIP 数据核字(2022)第 061792 号

书　　名 风景园林设计专业创新创业指导与案例分析
作　　者 兰　益　主编

策划编辑 司建新　　**责任编辑** 司建新
封面设计 郑　川
出版发行 中国农业大学出版社
社　　址 北京市海淀区圆明园西路 2 号　　**邮政编码** 100193
电　　话 发行部 010-62733489，1190　　读者服务部 010-62732336
编辑部 010-62732617，2618　　出　版　部 010-62733440
网　　址 http://www.caupress.cn　　**E-mail** cbsszs@cau.edu.cn
经　　销 新华书店
印　　刷 北京溢漾印刷有限公司
版　　次 2022 年 7 月第 1 版　2022 年 7 月第 1 次印刷
规　　格 185 mm×260 mm　16 开本　11 印张　275 千字
定　　价 39.00 元

图书如有质量问题本社发行部负责调换

编审人员

主　编　兰　益（广西农业职业技术大学）

副主编　刘　勇（广西农业职业技术大学）
　　　　吴德煌（广西进联德环保工程有限公司）

参　编　黄雪萍（广西农业职业技术大学）
　　　　陈　凯（广西农业职业技术大学）
　　　　韦加政（广西农业职业技术大学）
　　　　赖碧丹（广西农业职业技术大学）
　　　　李伟伟（广西农业职业技术大学）
　　　　马慧娟（广西农业职业技术大学）
　　　　刘　震（广西农业职业技术大学）
　　　　谢　滨（广西南宁碧湾园林工程有限公司）
　　　　李少鹏（广西春涛海绵城市科技有限公司）
　　　　胡永吉（广西恒大企业集团）
　　　　杨锦涛（广西精诚测绘有限公司）
　　　　曾　涛（广西农业职业技术大学）
　　　　庞玉伟（广西农业职业技术大学）
　　　　蒋乐君（南宁市君林屋顶绿化公司）
　　　　何金友（广西欣景建设集团有限公司）
　　　　黄文越（广西悦心坊生态农业有限公司）
　　　　沈美勤（南宁市卉芃园林有限责任公司）
　　　　谭连创（广西创天和生态文化产业发展有限公司）

主　审　傅秀红（广西农业职业技术大学）

合作企业与行业协会

广西南宁碧湾园林工程有限公司

广西春涛海绵城市科技有限公司

广西进联德环保工程有限公司

广西欣景建设集团有限公司

广西悦心坊生态农业有限公司

南宁市卉芫园林有限责任公司

南宁市君林屋顶绿化公司

广西精诚测绘有限公司

广西创天和生态文化产业发展有限公司

南宁市园林行业协会

前　言

根据教育部关于大学生创新创业教育精神和《国家职业教育改革实施方案》《关于职业院校专业人才培养方案制订与实施工作的指导意见》等文件精神，为了落实立德树人根本任务，加强大学生创新创业能力，提高人才培养质量，深化产教融合，广西农业职业技术大学园林与建筑工程系园林类专业群教师和校企合作单位共同开发并编写了本教材。本书力求体现以下特点：

1. 产教融合，校企"双元"联合编写，行业特点鲜明。编者均来自教学和企业一线，有多年教学实践经验。编写过程中，编者紧扣专业培养目标，紧跟产业发展趋势和行业人才需求，将产业发展的新技术、新工艺、新规范纳入教材内容，反映创业项目的职业能力要求。

2. 基于"教、学、做一体化"的教学模式。与实际行业项目、工作岗位、职业标准完全对接，编写理念新颖，编排灵活。教材采用"项目—任务"式和"基于工作过程"的职业教育课改理念，力求建立以案例为载体、以工作过程为导向的教学模式。将专业知识、岗位技能、职业素养、创业意识等职业能力有机融合到每个任务的学习活动中，落实"做中学、学中做"。

3. 从职业院校学生实际出发，语言浅显易懂，理论精简实用，实操循序渐进。全书分为构思园林景观行业创新创业项目、园林景观行业微型企业的创新创业项目、园林行业中小型企业的创新创业项目和撰写创业计划书与项目评估这四大项目，每个项目都有一个实训任务，实训任务按照激发创业意识、构思创业项目、市场调查、撰写创业计划书的创业流程进行安排，做到练中学，学中悟，很好地激发学生的学习兴趣和创作灵感。其中，"案例导入"根据该项目的学习目标与知识重点，精选一个相关案例，引入本项目即将讲解或研究探讨的课题，唤起学习的兴趣；"案例分析"针对导入的案例，精心设置了几个问题，启发学生进行思考，从而进行有目标的学习；"他山之石"分享一些创业故事，故事主要来源于创业校友、企业家的心得体会、成功经验，有机地融入思政元素，启发创业思维，引发学生思考，引领大学生把理论问题和现实生活结合起来，提高创业成功率。

4.借鉴“互联网+”大学生创新创业大赛所提出的能力要求，把大赛体现的敢闯敢创、工匠精神等贯穿在教材编写当中。书中以“互联网+”大学生创新创业大赛计划书为范本，附加编者指导学生获奖案例，以赛促教，以赛促学，激发大学生创新创业热情。

本书由兰益担任主编，刘勇、吴德煌担任副主编，具体分工如下：项目一主要由兰益、谢滨编写；项目二由吴德煌、兰益、韦加政、陈凯、李伟伟编写；项目三由刘勇、赖碧丹、李少鹏、胡永吉编写；项目四由兰益、马慧娟编写；实训任务一至四由兰益编写；主要的创业案例由兰益收集，思政案例和思政教案由黄雪萍整理编写；刘震、庞玉伟、杨锦涛、蒋乐君、何金友、黄文越、谭连创、沈美勤、曾涛等参与部分创业案例收集；全书由傅秀红审稿。

在本书编写过程中，编者参考、借鉴了国内大量的创业指导与创业教育研究方面的文献资料以及专家教授的理论和观点，书中引用的案例和材料部分来自期刊、网络，在此致以诚挚的感谢。

由于本书涉及的内容较广，知识更新较快，加之编者水平及经验有限，书中定存在不足之处，恳请专家、同仁及读者批评、指正。

编 者

2021 年 3 月

目 录

项目一

构思园林景观行业创新创业项目

青年是国家和民族的希望，创新是社会进步的灵魂，创业是推动经济社会发展、改善民生的重要途径。青年学生富有想象力和创造力，是创新创业的有生力量。希望广大青年学生把自己的人生追求同国家发展进步、人民伟大实践紧密结合起来，刻苦学习，脚踏实地，锐意进取，在创新创业中展示才华、服务社会。

——2013 年 11 月 8 日，习近平致 2013 年全球创业周中国站活动组委会的贺信

学习目标

- 了解创业、企业的概念，创新型企业的类型；
- 熟悉国家对大学生创业的优惠政策及园林景观行业的发展前景；
- 学会分析创业条件，初步构思创业项目；
- 感受创业的激情，汲取创业前辈的工匠精神和认真务实、积极向上的人生态度。

任务一 初探园林景观行业创业案例

【案例导入】

我的成功可以复制

蒋乐君，广西农业职业技术学院 05 届城市园林与花卉专业毕业生，2015 年在南宁十里花卉长廊用一砖一瓦建造起来的属于自己的园艺梦——“君林驿站”。见图 1-1 至图 1-4。

“君林驿站”是一家汇聚了多肉植物、景观陶艺、园林景观物资、休闲娱乐设施等集观光购物与休闲娱乐为一体的大型园艺场，占地面积 3000 多平方米。

2016 年广西农业职业技术学院园艺工程系园林花卉创业班开班仪式(见图 1-5)。

图 1-1　君林驿站庄园大门

图 1-2　庄园里的景观湖

我创业的动力来自生活的压力，因为农民子弟要在大城市扎根、做出成绩那就得自己当老板。目标与行业选择很重要，我创业期间做过小摊贩、包工头等。在创业选择的时候，我选择行业发展的前端，也就是有发展前景的行业。园林工程是一个成熟的行业，2007 年南宁私家花园的屋顶绿化行业是一片空白，于是我决定从事屋顶绿化，经过 4 年的经营，为自己带来了原始的积累。

2011 年，随着东南亚及欧式园林的普及，我开始转行做陶艺花盆生意。我当时经营的“君林驿站”是南宁市品种最多、规模最大的土陶花盆店。

图 1-3　庄园休闲平台

图 1-4　君林绿化工程景观

2014 年，多肉开始兴起，我闻风而动，选择了做多肉园艺场。在自己的城市里选择新兴的行业，对于年轻的创业者来说更有冲动和未来。同时创新更能让你在这个行业里站稳脚跟。

下面跟大家谈谈，我对园林园艺这个行业的看法。大型园林景观对于年轻的团队来说是一个相对比较高的门槛，但是随着城市生活水平的提高，私家花园的确是朝阳产业。特别是80后与90后成为社会的消费主导以后，精品的私家花园、微景观盆栽以及家庭的绿植软装，这都会是一个无比大的商业空间。同时也是君林人的发展道路。如果你们有相同的目标我们可以相互学习，一起去挖掘，一起寻找更好的未来。

创业是一个团队的组建，你们需要明确自己在团队里的职责，相互磨合，培养感情，不要过多地追求利益，友情与经历才是最宝贵的，用心地学习和体会这个过程，慢慢地完成自己的原始积累。最后祝愿首届创业班的学弟学妹们能在自己的发展道路上走出属于自己的精彩。

图 1-5　2016 年广西农业职业技术学院园艺工程系园林花卉创业班开班仪式全体师生合影

【案例导入】

炸鸡小吃店

广西某大学一个宿舍的三名女生，在毕业时突然决定，她们要创业。做什么呢？她们三位有一个共同的爱好，喜欢吃炸鸡。于是她们决定开一家炸鸡小吃店。

说干就干，她们凑齐了 15 万元的启动资金，开始选门面、装修。在办理手续时，由于不懂如何办理，还托了亲戚和家长的朋友帮忙。办好了工商、税务、卫生等所有证件，辛苦了一个多月，总算风风光光地开张了。

可是炸鸡小吃店刚刚开张一个月，三名女生就一个都不见了！家长忙问她们为什么不去店里了，她们几个的回答出奇地一致，开小吃店真是太脏太累了！

【案例分析】

1. 在这两个创业故事中，给你哪些启示？

2. 创业成功的因素有哪些？

3. 大学生创业有哪些优势？又有哪些劣势？

一、创业的内涵

什么是“创业”？《现代汉语词典》中创业即开创建立基业、事业。所谓“创”，就是开始做，也可理解为创办、创新；而“业”就是事业，也可理解为职业、行业、学业等。

一直以来，管理学者与创业学家对创业的定义有着不同的说法，有些学者认为，“创业是创业者通过发现和识别商业机会，组织各种资源，提供产品和服务，以创造价值的过程”。

今天我们所说的创业，就是创立基业，创办事业。从狭义上说，创业是指人们为了自己的生存和发展，运用自己的知识和能力，投资兴办经济实体，并获得经济利益和社会利益的实践过程。从广义上说，创业就是创造新的事业的过程。

我们通常说的大学生自主创业就是狭义的创业，它指大学生毕业后不通过传统的就业渠道谋取职业发展，而是利用自己的知识、才能和技术，以自筹资金、技术入股、需求合作等方式开办自己的企业，实现自己就业并为其他人创造就业机会的实践过程。

综合上述几种对创业含义的表述，“创业”有以下四个共同的主题：

一是过程。创业作为一个过程，它包括萌芽、筹备、决策、实施、拓展五个阶段。

二是创新。创业可以被归结为：创造出新颖的产品或服务，并力求实现其潜在的价值。创业者通过变革、革新、转换和引入新方法、新产品、新服务或者新的商业模式来追求成长的机遇。创业的核心和关键就是创新。

三是组织创建。为了实现创业，必须具备有组织的努力和行动。必须有领导者和管理团队采取行动让企业建立并运行起来。

四是创造价值。各种资源通过创业，转换成了新的市场、技术、产品、服务、交易方式乃至新的就业机会，从而为社会创造新的价值。

提示语：

创业是一项放飞希望、实现梦想、成就未来、展示才华的事业。

二、大学生创业的优惠政策

为支持大学生创业，国家和各级政府出台了许多优惠政策，涉及融资、开业、税收、创业培训、创业指导等诸多方面。对打算创业的大学生来说，了解这些政策，才能走好创业的第一步。支持大学生创业的优惠政策全国各地略有不同，以下是中国政府网新媒体推出国务院支持“双创”系列百科中的大学生创业优惠政策摘录。

(一)税收优惠

持人社部门核发《就业创业证》的高校毕业生在毕业年度内创办个体工商户、个人独资企业的，3 年内按每户每年 8 000 元为限额依次扣减其当年实际应缴纳的营业税、城市维护建设税、教育费附加和个人所得税。对高校毕业生创办的小型微利企业，按国家规定享受相关税收支持政策。

(二)创业担保贷款和贴息

对符合条件的大学生自主创业的，可在创业地按规定申请创业担保贷款，贷款额度为 10 万元。鼓励金融机构参照贷款基础利率，结合风险分担情况，合理确定贷款利率水平，对个人发放的创业担保贷款，在贷款基础利率基础上上浮 3 个百分点以内的，由财政给予贴息。

(三)免收有关行政事业性收费

毕业 2 年以内的普通高校学生从事个体经营(除国家限制的行业外)的，自其在工商部门首次注册登记之日起 3 年内，免收管理类、登记类和证照类等有关行政事业性收费。

(四)保险补贴和培训补贴

对大学生创办的小微企业新招用毕业年度高校毕业生，签订 1 年以上劳动合同并交纳社会保险费的，给予 1 年社会保险补贴。

对大学生在毕业学年(即从毕业前一年 7 月 1 日起的 12 个月)内参加创业培训的，根据其获得创业培训合格证书或就业、创业情况，按规定给予培训补贴。

(五)免费创业服务

有创业意愿的大学生，可免费获得公共就业和人才服务机构提供的创业指导服务，包括政策咨询、信息服务、项目开发、风险评估、开业指导、融资服务、跟踪扶持等“一条龙”创业服务。

(六)取消高校毕业生落户限制

高校毕业生可在创业地办理落户手续(直辖市按有关规定执行)。

(七)创新人才培养

创业大学生可享受各地各高校实施的系列“卓越计划”、科教结合协同育人行动计划等，同时享受跨学科专业开设的交叉课程、创新创业教育实验班等，以及探索建立的跨院系、跨学科、跨专业交叉培养创新创业人才的新机制。

(八)开设创新创业教育课程

自主创业大学生可享受各高校挖掘和充实的各类专业课程和创新创业教育资源，以及面向全体学生开发开设的研究方法、学科前沿、创业基础、就业创业指导等方面的必修课和选修课，享受各地区、各高校资源共享的慕课、视频公开课等在线开放课程，和在线开放课程学习认证和学分认定制度。

(九)强化创新创业实践

自主创业大学生可共享学校面向全体学生开放的大学科技园、创业园、创业孵化基地、教育部工程研究中心、各类实验室、教学仪器设备等科技创新资源和实验教学平台。参加全国大学生创新创业大赛、全国高职院校技能大赛，和各类科技创新、创意 设计、创业计划等专题竞赛，以及高校学生成立的创新创业协会、创业俱乐部等社团，提升创新创业实践能力。

(十)改革教学制度

自主创业大学生可享受各高校建立的自主创业大学生创新创业学分累计与转换制度，和学生开展创新实验、发表论文、获得专利和自主创业等情况折算为学分，将学生参与课题研究、项目实验等活动认定为课堂学习的新探索。同时也享受为有意愿有潜质的学生制定的创新创业能力培养计划，创新创业档案和成绩单等系列客观记录并量化评价学生开展创新创业活动情况的教学实践活动。优先支持参与创业的学生转入相关专业学习。

(十一)完善学籍管理规定

有自主创业意愿的大学生，可享受高校实施的弹性学制，放宽学生修业年限，允许调整学业进程、保留学籍休学创新创业等管理规定。

(十二)大学生创业指导服务

自主创业大学生可享受各地各高校对自主创业学生实行的持续帮扶、全程指导、一站式服务。以及地方、高校两级信息服务平台，为学生实时提供的国家政策、市场动向等信息，和创业项目对接、知识产权交易等服务。可享受各地在充分发挥各类创业孵化基地作用的基础上，因地制宜建设的大学生创业孵化基地，和相关培训、指导服务等扶持政策。

【他山之石】

精益求精，用工匠精神打造技能人生

本次编者采访的创业代表人物是广西高职院校技术技能名将杨锦涛（见图 1-6，合影中右 2），他是 14 级广西建设职业技术学院测量技术专业毕业生，师从广西高校名师李向民教授。他大学期间学习优秀，操作技能比赛战果累累，曾作为队长代表广西队参加 2013 年全国职业院校技能大赛高职组测绘项目，并斩获二等水准测量赛项二等奖、一级导线测量赛项三等奖、数字测图赛项三等奖的好成绩。

杨锦涛高考以后，听取从事建筑行业亲戚的建议选择了高职院校测绘专业。为实现儿时的梦想，他 2009 年参军，因为特殊任务要求，曾经一星期内硬生生背下一本 200 多页的技术书，入伍后被锤炼成了训练有素、意志坚强的士兵。2011 年退伍复学回到校园，所以他比同龄人看来要老成许多，学习对他来说不是难事，他成绩优异，多次获得学院奖学金、优秀班团干等荣誉。参加全校、全区乃至全国的职业技能比赛并获佳绩，他申请创办了学院的“工程测量协会”并担任第一届的会长。在校期间，他就考取了高级测量员证，比同届毕业生具备了就业优势。

图 1-6　编者与学生参观南宁市国家高新区大学生创业基地

在就业选择的时候，他并不盲目追求待遇好的就业单位，而是通过恩师李向民教授推荐，选择专业对口单位——南宁市勘测院实习和锻炼，实习时没有薪资报酬他也不计较。在实习期间，杨锦涛发现某些项目虽然工程量小，但是要求精度高，而且要与大型测绘公司合作，这不仅成本高，而且难预约，市场上需要精小的团队解决这些公司的燃眉之急。于是在 2014 年年底，他凭着过硬的本领，通过租测量仪器外接单子干活，慢慢积累资金。

2015 年，李向民教授又把他推荐到南宁市高新区大学生创业基地，依托国家科技创业孵化体系。这个基地是扶持大学生创业项目的，从入驻之日起可享受最长 3 年内免收房租（100 平方米以内），免去非生产性水电费、物业费、公共宽带使用费、公共保安保洁费用等优惠政策，基地还配有优秀的创业导师团队免费辅导，有周期性举办免费的创业培训，更有为大学生创业企业提供的创业启动资金 1 万元等政策扶持，大大节省创业成本。他毅然选择自己创业，用自己研究开发的“勘察测绘地理信息技术在中小型企业中的综合技术服务与 AutoCAD 二次开发应用”的创新技术，跟学弟一起创办了广西精诚测绘有限公司，并成功入驻南宁市高新区大学生科技创业基地。

因为杨锦涛有着扎实的专业技能，并在实践中获取了大量宝贵的经验，诚实肯干的工作态度，讲诚信和有责任心，勇于拼搏的创业精神，为他在茫茫职场中创出了新天地！他的公司虽然成立时间不长，但通过测绘成果质量和速度赢得了市场认可，年营业额超过 50 万元。

采访结束，杨锦涛鼓励大家：只要你有梦想，只要你愿意为你的梦想不懈努力，你就会有成功的那一天！这话很值得我们沉思。有时候，梦想是一种无形的力量，促使你奔向理想的目的地。带着你前进，不使你感觉前途迷茫，为你的将来点亮一盏明亮的路灯！

走出学校大门，杨锦涛用他自己的行动与成功向世人展示：凭借自己所学的专业知识以及掌握的精湛技术技能，同样可以不输于人，同样遨游于苍茫的大海之上！

任务二　认识园林景观行业创业环境

一、园林景观行业相关企业

企业是指依法设立的以营利为目的而进行商品生产经营和服务活动的独立核算的经济组织。

企业按经营类型划分主要有四种：贸易类，服务类，制造装配类，农林牧渔类。

从产业链角度来讲（图 1-7），园林景观行业包括设计、施工、养护等诸多方面，根据《国民经济行业分类与代码》（GB/T 4754—2017）的分类标准，苗木的生产和培育属于 A02“林业”大类中的“林木育种和育苗”，具有第一产业的特点；园林景观属于 E50“建筑装饰、装修和其他建筑业”大类，具有第二产业的特点；而园林景观设计属于 M74 大类“专业技术服务业”中的“工程勘察活动”，园林养护管理属于 N78“公共设施管理业”大类中的“绿化管理”，具有第三产业的特点。根据中国证监会《上市公司行业分类指引（2021 年修订）》，行业属于 E48“土木工程建筑业”。

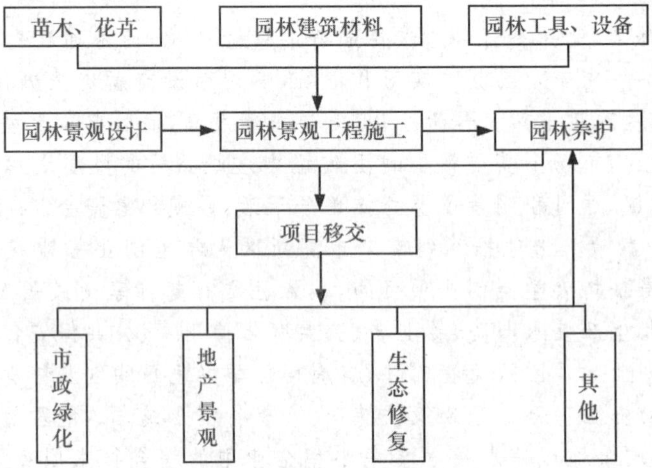

图 1-7　园林行业产业链

根据《统计上大中小微型企业划分办法(2017)》规定了中小企业划分为中型、小型、微型三种类型，具体标准根据企业从业人员、营业收入、资产总额等指标，结合行业特点制定。农、林、牧、渔业类营业收入 20 000 万元以下的为中小微型企业(表 1-1)。

表 1-1 农、林、牧、渔业类中小微企业划分标准

行业	企业界定	
农、林、牧、渔业	中型企业	500 万元≤营业收入＜20 000 万元
	小型企业	50 万元≤营业收入＜500 万元
	微型企业	营业收入＜50 万元

二、企业创新的层次

企业创新可以分成六个层次，从低到高，依次为：营销创新、管理创新、产品创新、商业模式创新、科技创新和文化创新。

1. 营销创新

营销创新是企业最底层的创新，它解决的问题是企业与渠道伙伴和最终消费者的关系问题。成功的案例如 2011 年东方园林首创的田园综合体落地无锡，东方园林在发展乡村振兴和全域旅游的过程中，深度挖掘和推广极具地域、民族文化的产业。东方园林将艺术乡村的理念，作为乡村振兴的灵魂，用山水林田湖的综合修复，找回生态之美；用游憩基础设施建设和多元的业务植入及运营，追求旅游之美；用文创包装推广，提升乡村特色农产品，完善产业之美。每年百万人次的客流，让无锡田园东方成为江苏省的著名旅游品牌。2017 年，田园综合体模式被写入中央一号文件，落地全国，东方园林成了田园综合体探索的先行者。

2. 管理创新

管理创新是企业内部的事情，它要解决的是如何提升生产效率、提高每个员工活力、建造企业和谐氛围的问题。

3. 产品创新

产品和服务创新是一个企业最重要的创新，是决定一个企业价值高低或者有没有存在价值的关键因素。

4. 商业模式创新

对于很多企业而言，商业模式创新是企业创新的顶端。随着“互联网＋”模式的兴起，“互联网＋”营销已逐渐成为新的营销模式和渠道，互联网将产品和消费者之间的空间、时间、距离缩减到最短。通俗地说，“互联网＋”就是“互联网＋各个传统行业”，但这并不是简单的两者相加，而是利用信息通信技术以及互联网平台，让互联网与传统行业进行深度融合，创造新的发展生态。

互联网时代，商业模式成了一个热词。许多好的商业模式一经出现，就会颠覆一个产业，并随之改变人们的生活方式。移动互联网营销更是凶猛来袭，如二维码营销、微信营销、APP 营销、直播带货等，典型案例就是支付宝。支付宝“学习”了 Paypal，但因为对个人转账免费，

所以一下子占领了市场，获得巨大成功。

5. 科技创新

科学和技术创新，从本质上说，与企业的使命有关。并非所有的企业都要做科技创新，毕竟科技创新需要杰出人才，需要不断的资金投入，对于中小企业来说，这勉为其难。西方科技企业，每年投入的研发费用占销售额的5%～20%。Intel一年的研发费用比联想二十年的纯利润都要多。我们应该明白的是：中小企业不必负担科技创新的苦役，而大型企业则有责任担当科技创新的使命。这个担当不仅对民族有利，主要还是对企业的长远发展有利。

6. 文化创新

文化是人类生活方式的总和，是人类社会发展进步的重要内容和精神动力，针对园林行业开展的文化创新可根据十九大提出的新时代文化建设的基本要求，就是三个坚持：坚持为人民服务、为社会主义服务；坚持百花齐放、百家争鸣；坚持创造性转化、创新性。在面积仅为5.28平方千米的上海世博园区，来自世界各种形式的文化作品，争奇斗艳，呈现非凡的兼容并蓄。毫无疑问，在这样开放包容的交流中，我们的文化创新才有不竭的动力和活力。

三、企业的法律形式

在市场经济条件下，企业是法律上和经济上独立的经济实体。任何一个企业都要依法建立。投资人在创建一个企业时，都面临企业的法律形式选择问题。企业的法律形式分为4种：个体工商户、个人独资企业、合伙企业、公司制企业。

创业者新创办的企业一般都是微小型企业，从工商部门的统计数据来看，个体工商户、个人独资企业、合伙企业、有限责任公司4种法律形式是我国当前创办企业最常见的企业法律形式（表1-2）。对于大学生创业，登记注册的企业法律形式基本上也是以上4种。

表1-2 不同企业的法律形式比较

项目	个体工商户	有限责任公司	合伙企业	个人独资企业
法律依据	个体工商户条例	公司法	合伙企业法	个人独资企业法
业主数量	1个人或家庭	由2人以上50人以下的股东组成	2个人以上	1个人
注册资本	无资本数量限制	法定下限为3万元	无资本数量限制	无资本数量限制
财产权性质	个人或家庭所有	法人财产权	合伙人共同共有	投资者个人所有
出资转让	个人或家庭所有	股东过半数同意	一致同意	可继承
经营主体	个人或家庭	股东不一定参加经营	合伙人共同经营	投资者或其委托人
事务决定权	个人或家庭	股东会	全体合伙人或从约定	投资者个人
事务执行	个人或家庭	公司机关、一般股东无权	合伙人权利同等	投资者或其委托人
利亏分担	个人或家庭，承担无限责任	投资比例分配，以出资额为限承担有限责任	约定，未约定则均分	投资者个人承担无限责任

续表 1-2

项目	个体工商户	有限责任公司	合伙企业	个人独资企业
解散程序	个人或家庭	注销并公告	注销	注销
解散后义务	个人或家庭	无	五年内承担责任	五年内承担责任
成立条件	1.业主只要有相应的经营资金和经营场所就可以了 2.个体工商户可以起字号	1. 股东符合法定人数 2. 股东出资达到法定最低限额 3. 股东共同制定公司章程 4. 有公司的名称	1. 有两个以上的合伙人,并且都依法承担无限责任 2. 有书面合伙人协议 3. 有合伙人的实际出资 4. 有合伙企业的名称 5. 有经营的场所和从事合伙经营的必要条件	1. 投资人是一个自然人 2. 有合法的企业名称 3. 有投资人申报的出资 4. 有固定的生产经营场所 5. 有必要的从业人员

四、园林景观行业发展现状

在中国,古典园林发展至今已有 3 000 多年的历史,因其博大精深、历史悠久,被尊称为“世界园林之母”。中国园林本着“源于自然,高于自然”的造园思想,在园林布局中将建筑、山水、植物融为一体,把自然美与人工美相结合,追求“虽由人作,宛自天开”的艺术境界,是自然山水式园林的突出代表。改革开放后,随着经济社会的飞速发展,城市化进程的不断推进和对外交流的日益密切,现代化的城市园林绿化行业在我国也得到长足的发展。

(一)园林景观作为城市基础设施之一,随城市化不断发展

随着国家“美丽中国”“集约、智能、绿色、低碳的新型城镇化”等政策的大力执行以及中西部地区经济的加速发展,城市化水平将继续提高。城市化直接推动了城市建成区的扩张,在这样的背景下,城市景观及市政公园、绿地建设需求规模的不断扩大,我国城市绿地面积和城市公园绿地面积也呈现持续上升的趋势。我国城市绿地面积已由 2015 年的 260.0 万公顷,上升至 2019 年的 315.3 万公顷,年均复合增长率为 4.24%;城市公园绿地面积由 2015 年的 61.4 万公顷上升至 2019 年的 75.6 万公顷,年均复合增长率为 5.34%,增长速度与城市绿地增长速度保持同步,均呈现稳步上升的趋势。2021 年我国城市绿地面积和城市公园绿地面积分别可达 340.6 万公顷和 82.9 万公顷。2021 年末,我国常住人口城镇化率为 64.72%,比 2020 年末提高 0.83 个百分点,城市化进程仍将持续推进,尤其是在二、三线城市和中西部地区。2017 年 1 月 25 日,国务院印发《国家人口发展规划(2016—2030 年)》,提出到 2030 年,我国常住人口城镇化率要达到 70%,城镇化率的快速发展势必加快城镇园林绿化的建设。

(二)更高层次的功能要求推进市政园林景观的不断发展

城市园林景观的功能要求,已经从追求外在的形象整洁美观等,转向城市生态功能提升、生物多样性保护、自然资源的保护、城市生态安全保障及城市可持续发展能力提升等方面。从

仅作为城市必要的公共服务，转向作为改善人民人居环境、解决民生问题、提升老百姓生活品质、提升地区吸引力和竞争力的层次上。

住建部、全国绿化委员会、国家林业和草原局等先后出台了国家园林城市（区）、国家森林城市、国家园林县城等称号的评选办法，包括绿化覆盖率、人均公共绿地面积、绿化植物品种、绿地质量等一系列评选指标，以求推动城市园林景观更好地满足上述功能要求。同时，城市园林景观作为政绩考核的一部分，受到政府部门的高度重视。市政园林景观的投入逐年提升，提高了城市园林绿化水平，近年来获得各项称号的城市数目逐年上升。

（三）生态环保意识推动生态园林景观建设行业持续发展

为应对日益严峻的生态问题，近年来，国家加大了生态修复、环境治理领域的投入，生态园林景观建设行业景气度将持续提升。

1. 基建边坡修复市场

我国生态修复目前主要市场为基建边坡修复，要对基建投资建设过程破坏的生态系统进行辅助修复，主要包括公路、铁路边坡、水利边坡等道路边坡生态修复。基建边坡修复具有专门文件规定，而且在基建投资中具有专项资金安排，执行力度较好。公路生态修复绿化市场的增长来自两方面因素，一是新建公路投资建设的增长；二是公路绿化投资标准的提高。我国公路绿化投资标准一直在增长，部分发达国家的环保投资比例甚至高达5%，我国未来几年保守估计会上升至1.5%以上。

根据《国家公路网规划（2013—2030年）》，未来我国将投入4.7万亿元进行公路方面的基础建设投资，到2030年建成总规模约40万公里的国家公路网，那么按照公路绿化投资占公路总投资比例1.5%进行测算，截至2030年以前，我国的公路绿化投资市场规模将达到700亿元。

2. 河流湖泊等水体修复市场

2011年中央一号文件指出，未来10年水利投资将达到4万亿元，平均每年4 000亿元。水利中很重要的一项便是完成重点河流重要河段治理，主要包括水质改善和水土涵养（河道护坡和沿岸造林绿化），反映在水利建设投资项目中就是“水土保持及环境保护”一项。我国水土保持及环境保护投入资金一直占水利建设投资的5%左右，我们以5%的比例估算今后十年水利生态绿化的市场，平均每年水土保持及环境保护投入资金约200亿元。

根据《全国湿地保护工程规划（2004—2030年）》的目标指出，到2030年，要使全国湿地保护区达到713个，国际重要湿地达到80个，使90%以上天然湿地得到有效保护。完成湿地恢复工程140.4万公顷，在全国范围内建成53个国家湿地保护与合理利用示范区。由此可见，我国湿地建设与未来规划仍有较大差距，生态湿地工程未来建设力度仍将加大。

（四）“海绵城市”建设浪潮带动生态园林景观建设行业发展

海绵城市是指城市能够像海绵一样，在适应环境变化和应对自然灾害等方面具有良好的“弹性”，下雨时吸水、蓄水、渗水、净水，需要时将蓄存的水“释放”并加以利用。

2015年国务院办公厅印发《关于推进海绵城市建设的指导意见》（以下简称《指导意见》），部署推进海绵城市建设工作。《指导意见》指出，建设海绵城市，统筹发挥自然生态功能和人工干预功能，有效控制雨水径流，实现自然积存、自然渗透、自然净化的城市发展方式，有利于修复城市水生态、涵养水资源，增强城市防涝能力，扩大公共产品有效投资，提高新型城镇化质量，促进人与自然和谐发展。《指导意见》明确，通过海绵城市建设，最大限度地减少城市开发建设对生态环境的影响，将70%的降雨就地消纳和利用。到2020年，城市建成区20%以上的面积达到目标要求；到2030年，城市建成区80%以上的面积达到目标要求。此外，根据2014年发布的《关于开展中央财政支持海绵城市建设试点工作的通知》，国家决定开展中央财政支持海绵城市建设试点工作，中央财政对海绵城市建设试点给予专项资金补助，时间为三年，直辖市每年6亿元，省会城市每年5亿元，其他城市每年4亿元，对采用PPP模式达到一定比例的，将按上述补助基数奖励10%。未来，生态园林景观建设行业将在"海绵城市"建设浪潮中，获得新一轮发展机遇。

(五)创建"国家园林城市""国家生态园林城市""国家森林城市"为园林景观建设行业带来新的发展机遇

住房和城乡建设部自1992年开始评选"国家园林城市"。根据《国家园林城市标准》的相关要求，"国家园林城市"的申报城市在组织管理、规划设计、景观保护、绿化建设、园林建设、生态建设、市政建设等方面必须符合一系列定性和定量的标准。为加速推动城市生态环境建设，2004年，建设部开展了创建"国家生态园林城市"活动。2004年，全国绿化委员会、国家林业局(现国家林业和草原局)启动了"国家森林城市"评定程序，积极倡导我国城市森林建设。

各地积极创建"国家园林城市""国家生态园林城市""国家森林城市"，对于加强我国城市生态建设，创造良好人居环境，弘扬城市绿色文明，提升城市品位具有重要的促进作用。参加上述创建活动成为各地政府工作重要内容和考核标准，政府大力支持和参与城市绿化基础设施建设，为园林绿化行业的发展提供了重要机遇。

(六)国家积极推广PPP模式为园林景观建设行业带来新的发展机遇

PPP(Public-Private Partnership)模式(政府和社会资本合作模式)，是指政府部门通过与社会资本建立伙伴关系提供公共产品或服务的一种方式。PPP模式通常是由政府来承担法律、政策和最低需求等风险，由社会资本承担设计、建设、运营、维护基础设施的大部分工作和风险，不可抗力等风险由政府和社会资本合理共担。PPP项目主要有以下三种类型：经营性项目(如燃气、自来水、高速公路)通过最终由消费者直接付费购买公共产品和服务来取得社会资本对于项目的投资回报；准经营性项目(如污水处理、垃圾处理、旅游开发等)通过消费者的直接付费及在付费不足覆盖项目投资的情况下由政府以财政补助、股本投入、可行性缺口补助的形式给予社会资本或项目公司以保障社会资本项目投资的合理收益；非经营性项目(市政道路、非收费城市公园、绿地景观工程等)通过政府直接付费购买公共产品和服务，主要包括可用性服务费、使用者付费和绩效服务费等来保障社会资本项目投资的合理收益。同时在项目的建设运营过程中政府部门负责基础设施及公共服务价格和质量监管，以保证公共利益最大化。

(七)特色小镇建设将为园林景观建设行业带来新的发展机遇

2018年9月，中共中央、国务院印发了《乡村振兴战略规划(2018—2022年)》以生态文明建设为起点，乡村振兴正一步步照进现实。乡村振兴的总体要求是：产业兴旺、生态宜居、乡风文明、治理有效、生活富裕。习近平对实施乡村振兴战略作出重要指示："要坚持乡村全面振兴，抓重点、补短板、强弱项，实现乡村产业振兴、人才振兴、文化振兴、生态振兴、组织振兴，推动农业全面升级、农村全面进步、农民全面发展。”很显然，生态振兴贯穿于其他四个振兴实现的全过程，并为其提供优越的外部环境。正如他所说，“如果其他各方面条件都具备，谁不愿意到绿水青山的地方来投资、来发展、来工作、来生活、来旅游？”让乡村回归绿色，是乡村振兴的题中之义。而实现乡村生态振兴，要点在人居环境的系统整治，把乡村建设成幸福美丽新家园。对此，国家要求下大力气推动人居环境整治，坚持规划先行，引导提升村容村貌，加快实施厕所革命，改善垃圾处理体系，建立污水治理系统，补齐基础设施短板。很显然，乡村建设提速，为基建、园林领域的企业提供了新的市场。另一方面，国家要求，把山水林田湖草当作生命共同体，统筹兼顾，在保护前提下合理开发，在开发过程中注重保护，为美丽乡村筑牢生态安全屏障。美丽乡村建设与风景园林有着密切关系，新时期国家重视乡村振兴战略，风景园林行业应当发挥应有作用，花卉苗木企业也有巨大发展机会。

（八）地产园林景观推动园林景观建设行业持续发展

园林绿化景观作为房地产开发商提升产品价值的重要手段，也成为当前开发商增加地产项目竞争力的重要因素，在房地产行业当前的市场竞争环境下，将会发挥更加突出的作用。目前，园林绿化支出占房地产开发项目总投资比重较低，但随着房地产开发商对园林绿化景观潜在价值认识的不断深入，以及市场的驱动下，将会逐步增加对高品质园林绿化景观的投入，充分借助园林绿化景观展示房地产总体面貌和风格、促进房地产销售。因此，房地产开发商对园林景观投资的逐步加大，将会进一步扩大地产园林景观的市场规模。

2006—2015年的10年间，全国房地产开发总投资额从19 422.9亿元增长至95 978.9亿元，年均复合增长率达到19.43%。根据园林绿化行业经验，园林配套支出约占地产项目投资总额的2%～4%，按照房地产投资额的2%用于园林投入计算，2015年我国地产园林景观投资额约为1 919.58亿元，市场空间可观。

（九）私家园艺、私家庭院为园林景观建设行业带来新的发展机遇

随着现代人居环境的不断进化，人们生活水平的不断提高，人们的居住观念也正在经历着从“居者有其屋”到“居者优其屋”的发展变化。在室内装修之外，室外私家庭院环境的营造与修建也日益得到重视。在欧美国家，私家庭院已经成为人们生活中不可或缺的一部分，并且衍生出了一种新型的经济增长形式——“庭院经济”。中国经济增速较快发展和市场上对于专业化私家园艺产品与服务的大量需求将为私家园艺产业的发展提供了良好的发展机遇。

从发达国家私家园艺市场发展的轨迹来看，家庭消费启动发育成熟后，其占有的市场总份额并不小于专业领域的市场份额。

五、园林景观行业未来发展趋势

（一）行业应用领域不断拓展

近年来，园林景观行业快速发展，园林景观项目的应用领域逐渐由城市公园、地产配套园林拓展到整个城市绿地系统的规划建设、城市开敞空间的构建、风景名胜区的管理和保护、城乡工业遗址和废弃地整治、水系及流域的风景建设、游憩空间的开发、生态修复、生物多样性保护、重大自然灾害后的生态和景观重建等多个领域。行业应用领域的拓展一方面扩大了整个行业的市场容量和规模，另一方面也对园林景观企业的设计开发能力、综合管理水平等素质提出了更高要求。

(二)“生态园林景观”建设理念将进一步凸显

“生态园林景观”是对传统园林的发展，遵循生态学的原理，建立多层次、多结构和多功能科学的植物群落。建立人类、动物和植物相联系的新秩序，达到生态美、科学美、文化美和艺术美。应用系统工程发展园林，使生态、社会和经济效益同步发展，实现良性循环，为人类创造清洁优美文明的生态环境。

生态园林景观从客观上打破了城市园林绿化小地域范围的概念，在建设范围上包括公园、风景名胜区和自然保护区，还涉及单位绿化、郊区森林、农田林网、桑园、茶园和果园等能起到调节城市生态环境的一切绿色植物群落。在建设内容上要求生态效益与社会效益和经济效益相结合，与当地的历史文化和植物资源相结合，创造地方特色绿化。生态园林景观的根本目的，一是为人们提供良性循环的生活环境，二是建立科学的人工植物群落结构、时间结构、空间结构和食物链结构，充分利用植物调节生态平衡，在绿色环境中提高艺术水平、游览观赏价值、社会公益效益和保健休养功能等。

(三)各级政府将继续推动市政园林绿化的投资建设

2017 年，党的“十九大”加强了对生态文明建设的部署，生态文明上升为千年大计。2018 年 3 月，“生态文明”被历史性地写入宪法，生态文明具有了更高的法律地位。2018 年 5 月，全国生态环境保护大会召开，再次定调生态文明建设是关系中华民族永续发展的根本大计，明确了建设美丽中国的“时间表”和“路线图”。

住建部通过开展“国家园林城市”的创建活动，极大地激发了各城市绿化建设的积极性，全国各地为创建国家园林城市积极开展基础设施建设、绿地建设、环境保护、节能减排、园林绿化等工作。园林建设已经成为评价一个城市人居环境、生活水平等方面的重要指标。发达的城市园林不仅提高了市民的生活质量和满足感，而且有利于旅游开发和招商引资。因此，越来越多的城市、县区将园林建设作为发展规划的重点不断加大对园林建设的投入，把创建园林城市、宜居城市摆在了突出的位置。截至 2020 年，住房和城乡建设部发布了 2020 年国家园林城市系列名单，包括 8 个国家生态园林城市、39 个国家园林城市、72 个国家园林县城、13 个国家园林城镇。

(四)配套园林景观对房地产项目的影响将逐渐加深

与公园、广场、风景区等相比，居住区域内的风景园林景观与人们的日常生活结合更加紧密，居住区园林景观除了美化环境、改善生态、给居民提供休憩游玩场所外，还能够提升居住楼盘的艺术与人文气质，从整体上提高居住类产品的附加值。在生活水平和审美观念快速提高的背景下，配套园林景观成为消费者选择住宅类商品房时考虑的重要因素之一，各大房地产开发商在开发建设时，对于楼盘所配套的公共绿地、景观建设等方面的重视程度也在逐渐增强。尤其是在国家对房地产市场实施宏观调控的背景下，房地产开发建设的增速总体来说将趋缓，开发商之间的竞争将愈发激烈，促使开发商在风景园林景观等方面加大投入，以提高产品附加值，提升综合竞争力。

(五)园林养护具有较大的潜在市场容量

“三分种，七分养”。园林绿地的建成并不代表园林景观的完成，只有通过高质量、高品质的园林养护，园林景观才能逐渐地形成与完美。当前，我国园林行业已经走过了“注重园林建设，轻视养护管理”的发展阶段，园林养护管理作为园林行业中非常重要的环节，近年来得到了越来越高的重视，发展迅猛，蕴含着巨大的发展空间。随着投资力度的不断加大，我国城市园林绿化面积规模也在不断增加，2006 年至 2015 年，中国城市绿地面积从 132.12 万公顷增加至 266.96 万公顷，平均每年增长 8.13%。按每平方米每年 2 元养护费用计算，全国绿化养护年产值超过 500 亿元。随着我国绿地面积的逐年增长，养护市场将继续增大而且是积累式的增长，从长期来看潜在市场容量较为可观。

(六)行业集中度将逐步提高

经过近 20 余年的发展，全国从事园林绿化相关业务的企业超过 16 000 家，园林规划设计院或设计公司超过 1 200 家，行业集中度较低。近几年来，越来越多的园林绿化企业通过扩大规模、提升管理取得了城市园林绿化企业壹级资质。

园林绿化市场一直保持快速增长的趋势，在行业规模迅速增长的同时，行业内优胜劣汰效应逐渐显现。大企业凭借产业链一体化经营能力、跨区域经营能力、大项目施工能力等优势，在抗风险经营及市场开拓能力方面远高于中小企业。随着少部分大型企业通过行业内资源整合等手段做大做强，行业的集中度将逐步提高。

任务三　评价创业条件

一、创业能力的自我评价

企业的成败取决于你自己，在决定创业之前，应该分析评价一下自己，看看你自己是否具有创业的素质、技能、物质和经济条件。成功的创业者之所以成功，不是因为他们走运，而是因为他们工作努力，并具有经营企业的素质和能力。

【自我测试】

你适合创业吗?

当你和朋友或其他人到一间饭店或酒店里用餐，你点菜时通常是：

A. 不管别人，只点自己想吃的菜

B. 点和别人同样的菜

C. 先说出自己想吃的东西

D. 先点好，再视周围情形而变动

E. 犹犹豫豫，点菜慢吞吞的

F. 先请店员说明菜的情况后再点菜

答案：

A. 你是个乐观、完全不拘小节的人。做事果断，容易跨出创业的第一步，但是否正确却难说。看价格后迅速做出决定的人是合理型的；选择自己想吃的人是享受型的；比较价格与内容才决定的人，为人吝啬。

B. 你是顺从型的，做事慎重，往往忽视了自我的存在。对自己的想法没有自信，常立刻顺从别人的意见，这种人是易受人影响的人，不适合创业。

C. 你是性格直爽、胸襟开阔，难以启齿的事也能轻而易举、若无其事地说出来。这种人待人不拘小节，可能是为人缘故，有时说话尖刻也不会被人记恨，适合创业。

D. 你是个小心谨慎，在工作和交友上易犹豫的人。此类型的人给人的印象是软弱的。想象力丰富，但太拘泥于细节，缺乏掌握全局的意识，在创业中千万不可犹豫不决。

E. 你是做事一丝不苟，安全第一。但你的谨慎往往是因为过分考虑对方立场所致。你能够真诚地听取别人的劝说，但不应该忘掉自己的观点，这类人比较有创业优势。

F. 你是自尊心强的人，讨厌别人的指挥，在做任何事之前，总是坚持自己的主张。做任何事都追求不同凡响。做事积极，在待人方面，重视双方的面子。如能谦虚，将对创业更有帮助。

你的想法：

对照表 1-3，你是否和成功创业者很相近了？

表 1-3　成功创业者的素质模型

特质	事业心	具有强烈自我实现的愿望、明确的生活目标和人生理想
	风险意识	具有冒险精神，敢于承担风险
	情绪稳定	在面对压力与挫折情境下保持情绪稳定，保持注意力和效率的能力
	自信	在面对面的情景下占据主动权的能力，并且机智与老练
	诚信	做事重信誉，才能积累良好的信誉口碑
知识	技能知识	行为发展技术知识和现代科技知识，特别是现代网络知识
	管理知识	企业战略、市场营销、人力资源管理、财务管理和生产运营等方面的知识
	其他知识	交叉学科知识等

续表 1-3

能力	特殊能力	发现和识别市场需求的能力	识别市场机会，发现市场需求
		整合组织资源的能力	构建人际网络或社会网络，获取和组织各种所需的资源的能力
		迅速反应决策能力	对商业机会的快速反应，及时做出准确的决策能力
		业务扩展能力	发展业务、拓展经营、吸引投资的能力
	一般能力	团队合作能力	作为群体中的一个成员，与群体中的其他人一起协作完成任务，而不是单独或采取竞争的方式从事工作
		学习能力	在工作过程中积极地获取与工作有关的信息和知识，并对获取的信息进行加工和理解，从而不断地更新自己的知识结构、提高自己的工作技能
		战略规划能力	对整个行业市场发展的宏观把握，为企业发展做出明确的、具有前瞻性规划的能力
		人际沟通能力	了解他人的态度、兴趣、情绪、感觉、需求和观点，能够解释他人的非语言行为，了解他人行为的原因，知道如何激励他人等能力
		观察判断能力	个人对于问题的分析、归纳、推理和判断等一系列认知能力
		影响能力	在与他人的交往中，影响和改变他人心理和行为的能力

二、创业项目的选择

项目的来源很广泛，我们可以通过广告、报纸、杂志、网络发现它的踪迹，哪些项目才能用来创业呢？试着用头脑风暴的方法，以“花”为例的开发项目，见图 1-8，想想周边有哪些商机……

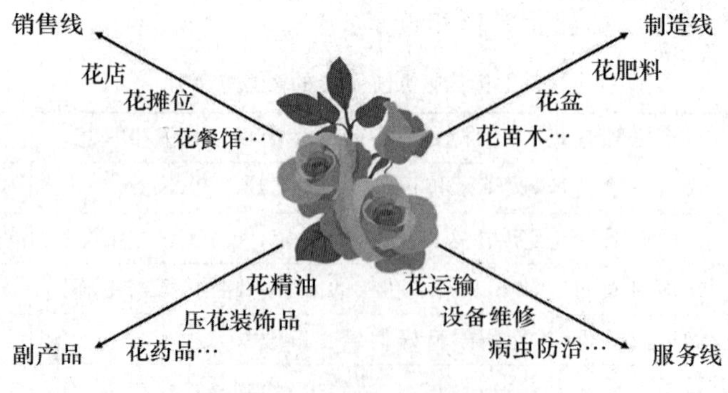

图 1-8　以“花”为例的开发项目

提示语：

项目没有最好的，只有做合适的。

(一)把握市场需求和发展前景

制造满足顾客需要的产品和服务，永远是成功的秘诀。任何人选择创业的项目都不能凭着主观想象，而应该从市场需求的角度出发。

那么，以下就介绍几种把握和分析市场需求的方法

1. 分析市场供求差异和商品可持续性

在变幻莫测的市场中，需要不仅是多种多样的，而且是在不断地变化中的。因此，在一段时间内，市场供求状况总是以均衡状态为轴上下波动，市场总需求量和总供给量之间存在一定的差距。创业者通过调查分析这种差距，可以准确地把握市场需求，这个差距正是创业者的创业契机。例如，两厢轿车的市场是10 951辆，而市场供应量只有5 000辆，那么对于创业者来说，这个市场空间就是可以开拓的。

2016年巴西世界杯火热进行，网上热销很多衍生商品，尽管这给很多创业者带来了商机，但这些商品的生命周期不长，随着热潮一过，市场上的需求也就寥寥无几，想要市场有源源不断的需求，最好选择销售消费者反复消费的商品，这样的创业项目其生命周期也相对持久。

2. 调查市场中商品、服务的空白

市场有空白就意味着有巨大的市场需求，调查商品、服务中的空白是把握市场需求最简单最直接的方式。大学生创业者具有较高的知识水平、先进的信息渠道，具有其他人不可比拟的优势，选择能够填补市场空白的创业项目更容易获得成功。

3. 调查了解人们工作生活中的困难

市场需求归根结底是人的需求，要想清晰地了解市场需求，不妨将目标由市场转向人。创业者只要认真调查分析人们在日常生活和工作中存在的困难，就不难发现顾客的需求，进而把握市场的需求，找到合适的创业项目。比如著名的“打工皇帝”唐骏正是发现人们在KTV演唱时打分的需要，才发明了KTV自动打分系统，从此开始了自己的创业之路。

4. 分析市场上热销产品背后隐藏的商机

市场上有热销商品，但不会有永远热销的商品，任何商品都有市场生命周期。所谓商品市场生命周期，是指商品从投放市场到被市场淘汰所经过的时间。它可分为四个阶段，即投入期、成长期、成熟期和衰退期。许多创业者容易被市场上的热门商品所吸引，盲目“跟风”。但是这样做不会取得良好的收效。因为按照市场规律，当某种商品走俏热销时，它就已经进入成熟期。创业者此时再去经营这种商品会赶上商品的衰退期，故而创业多数以失败告终。理智的创业者应该研究现象背后的规律，以热销商品为导向，研究商品背后的需要。

5. 研究市场上流通产品存在的问题

俗话说“人无完人”，商品也是如此。市场上流通的商品不可能是完美的，人们在使用时总会发现各种各样的问题，有的是功能性方面不够完善，有时是结构方面不够合理，有的是颜色比较单一，有的是外观不够美观。这些问题给使用者带来了不便，但对创业者而言却是创业的良机。问题越多，越难以解决，越有可能催生一种新的商品或服务，创业者可以搜集人们对商品和服务的反馈信息，针对它们存在的问题，切实结合自己的长处和兴趣，选择一种进行改善，这样可以大大提高创业的成功率。比如，现在食品安全问题突出，产销农业绿色食品特别受到消费者的欢迎，仅在淘宝网就有月消费过万的记录。

6. 进行市场细分

市场上的商品,由于使用者的行为习惯和心理诉求不同,对同一商品的评价也不同,这就需要创业者在选择创业项目时进行市场细分。所谓市场细分,就是通过市场调研,依据消费者的需求特点和购买行为及购买习惯等方面的差异,把某种商品的整体市场划分为若干个消费者群体的一种市场分类方法,通过市场细分划分出的每个消费者就是一个子市场,在某个子市场内的消费者对同一商品的需求较为相似,而不属于此子市场的消费者则与之有着明显的差异。比如,在淘宝网上卖的女装,经过市场细分有学生装、大码女装等,针对不同年龄、身材特征细分出的子市场。进行科学的市场细分有利于进一步把握市场需求,选定目标市场、确定创业项目;有利于实现产品的差异化竞争,确保产品的竞争优势;有利于集中人力、物力和财力生产经营适销对路的商品;有利于制定和调整市场营销策略,进而提高创业成功率。

7. 选择朝阳项目及可持续性发展的项目

现在,为了构建社会主义和谐社会,国家出台了一系列政策,为整合产业结构和优化资源配置,全国各地的政策扶植一大批高新技术产业、装备制造业与现代服务业,鼓励发展低碳、绿色、环保的新型工业。受此影响的朝阳行业主要有网络技术、软件信息、新材料、新能源、机电一体化、生物医药及精细化工等,政府扶植的这些产业可享受很多优惠,诸如税收、管理、场地、资金等等,这些行业都可以成为大学生创业优先考虑的对象。

对于资金有限的大学生创业者来说,结合上面的优惠政策可以考虑以下五种行业来进行创业:一是需要投资不多的劳动密集型行业,如服装制造、食品加工、印刷包装、工艺礼品、电子仪器等;二是为大型企业进行零配件加工的行业;三是信息、咨询、中介、广告等服务行业;四是维修、快递、家政、清洗、保洁等便民服务行业;五是与绿色环保相关的公益类行业。

大学生创业者同时要加强对政策导向和行为前景的关注,可以通过订阅行业期刊、参加行会和相关行业团体、有效地利用网络资源来收集和积累相关信息,为自己的创业做好准备。

(二)考虑自己掌握的资源和具备的专长

如果说政策法规是外化的资源优势,那么创业者的兴趣、爱好、专业、经验、技能等就是内化的资源优势。其实每一个人都有自己的优势,从专业角度讲,一个人所具备的专业知识和技能是他的资源优势;从非专业角度讲,一个人掌握的人脉资源也可以成为他的资源优势。例如,很多明星创业成功,就是在发挥他的人脉优势。大学生创业应该正确地认识自己,清醒地知道自己的优点与缺点,明确自己的内化资源优势,在选择创业项目时应该本着内化资源优势优先的原则,扬长避短、趋利避害,会提高创业的成功率。

(三)项目从小做起,量力而行

尽管现在国家鼓励大学生进行创业,社会上也宣传很多大学生创业成功的案例,但是创业不是发财致富的捷径,它是一种有风险的商业行为,所以在创业过程中必须遵循量力而行的原则。即对于大学生创业者来说,更适合从中小项目做起,因为它们需要投入的资金不多,风险较小,盈亏都在大学生可承受的范围内,这样创业者不会承担过多的心理压力,有利于创业者将全部精力投入项目的经营中去,使项目健康地发展。

三、创业方式的选择

随着商业时代的发展,创业方式正在不断发生变化,特别是IT业的崛起,令创业模式更是层出不穷，我们不妨对照看看，自己适合哪一种创业方式。

(一)网络创业

网络创业不同于传统创业，无须白手起家，而是利用现成的网络资源。目前网络创业主要形式有两种：网上开店，在网上注册成立网络商店；网上加盟，以某个电子商务网站门店的形式经营，利用母体网站的资源和销售渠道。

创业优势：门槛低、成本少、风险小、方式灵活，特别适合初涉商海的创业者。像易趣、阿里巴巴、淘宝网等知名商务网站，有较完善的交易系统、交易规则、支付方式和成熟的客户群，每年还会投入大量的宣传费用。加盟这些网站，能在投入较少的情况下开业，边熟悉游戏规则，边依托成熟的电子商务平台发展壮大。而且，网上创业受到政府重视，给予诸多的优惠政策和措施。

推荐人群：技术人员、海归人员、在校大学生、上班族。

(二)移动互联网创业

随着移动互联网的崛起，利用自己的社交关系在微信和各种社交平台上面去进行卖货，卖给需求的人，俗称微商。通过微信创业的人越来越多了，从2013年起，每年平均有超过四分之一的80后90后选择线上创业。如日中天的微信是非常适合想创业的草根们，微信的低门槛也吸引了一大批创业者加入。

创业优势：大学生对于网络的应用相对一般群众比较得心应手，如做微信营销更加如鱼得水，即使毕业后离开本地，移动互联网的不受地域局限的优势也不会对这有丝毫影响；对于初创业者，微信营销创业风险小，回报率高，传播速度快，不需要多人团队就能顺利展开市场拓展。微信营销强关系、重互动的特性对于建立客户黏性作用明显，一旦建立合作关系，客户的忠诚度相比其他行业要高很多；不少自由职业者喜欢网上冲浪，移动互联网的日益强大更为这部分人群提供了广阔的舞台，这部分人群志趣相投的朋友比较集中，小风险投资可以作为拓展社交圈子，为以后发展铺垫的最佳契机；对于打工者和白领，创业梦作为第二职业也比整天千篇一律的应酬派对更有意义，更加惬意。

推荐人群：各类创业者

(三)加盟创业

分享品牌金矿，分享经营诀窍，分享资源支持，连锁加盟凭借着诸多优势，而成为备受青睐的创业方式。目前，连锁加盟有直营、委托加盟、特许加盟等形式，投资金额根据商品种类、店铺要求、技术设备的不同从6 000元到250万元不等，可满足不同需求的创业者。

创业优势：加盟创业的最大特点是利益共享，风险共担。创业者只需一定的加盟费，就能借用加盟商的金字招牌，并利用现成的商品和市场资源，还能长期得到专业指导和配套服务，而不必摸着石头过河，创业风险也有所降低。

推荐人群：各类创业者

(四)团队创业

创业并非纯粹追求个人英雄主义的行为，团队创业成功的机率要远高于个人独自创业。一个由研发、技术、市场、融资等各方面组成，优势互补的创业团队，是创业成功的法宝。

创业优势：俗话说，一个好汉三个帮，一群人同心协力，集合各自的优势，共同创业，其产生的群体智慧和能量，将远远大于个体。

推荐人群：海归人士、科技人员、在校大学生、在职人员。

（五）大赛创业

大学生创业大赛移植于美国的商业设计大赛，此类竞赛旨在为参赛者展示项目、获得资金提供平台，雅虎、网景通信公司等企业都是从商业竞赛中脱颖而出的，因此此类竞赛被形象地称为创业孵化器。在国内"互联网＋"大学生创新创业大赛、"挑战杯"全国大学生课外学术科技作品竞赛等创业大赛扶植了一批大学生企业，如清华大学王科、邱虹云等组建的"视美乐"公司，上海交通大学罗水权、王虎等创建的"上海捷鹏"等。

创业优势：创业大赛不仅为大学生创业者闪亮登场提供了舞台，更重要的是提供了锻炼能力、转变观念的宝贵机会。对大学生来说，创业大赛是创业试金石，通过这个平台，可熟悉创业程序，储备创业知识，积累创业经验，接触和了解社会。

推荐人群：在校大学生。

（六）兼职创业

2004 年 7 月，上海试行在职人员可向各类企业（外资企业除外）出资入股的政策后，使个人创业又多了一种选择。特别对白领族来说，如果头脑活络，有钱又有闲，想"钱生钱"又不愿放弃现有工作，兼职做老板应该是最佳的选择了。兼职创业需要在主业和副业、工作和家庭等几条战线上同时作战，对创业者的精力、体力、能力、忍耐力都是极大的考验，因此要量力而行。此外，兼职创业最好选择自己熟悉的领域，但注意不能侵犯受雇企业的权益。

创业优势：对上班族来说，兼职创业，无须放弃本职工作，又能充分利用在工作中积累的商业资源和人脉关系，可实现鱼和熊掌兼得的梦想，而且进退自如，大大减少了创业风险。

推荐人群：白领族、有一定商业资源的在职人士。

（七）概念创业

概念创业，顾名思义就是凭借创意、点子、想法创业。当然，这些创业概念必须标新立异，至少在打算进入的行业领域是个创举，只有这样，才能抢占先机，才能吸引风险投资商的眼球。同时，这些超常规的想法还必须具有可操作性，创意不等于创业，创业还需要在创意的基础上，融合技术、资金、人才、市场风险、管理等各种因素，如果仅凭着点子贸然行动，基本是行不通的。

创业优势：概念创业具有点石成金的神奇作用，特别是本身没有很多资源的创业者，可通过独特的创意来获得各种资源，包括资金、人才等。

推荐人群：具有强烈创新意识但没有很多资源的创业者。

（八）内部创业

内部创业是指一些有创业意向的员工在企业的支持下，承担企业内部某些业务或项目，并与企业分享成果的创业模式。内部创业的受众有限，只是那些大型企业的优秀员工才有机会一试身手。此外，这是一种以创造"双赢"为目的的创业方式，员工要做好周密的前期准备、选择合理的创业项目、保证创造利润最大化，才能引起企业高层的关注。而且，要想创业成功，需要创业者和企业两方面的共同努力。

创业优势：员工在企业内部创业，可获得企业多方面的支持，即使创业失败，创业者所需承担的责任也较小，从而大大减轻了心理负担，有利于轻松上阵。

推荐人群：大型企业中掌握高科技项目的中高层技术、管理人员。

【他山之石】

一名园林专业毕业生的创业之路

何金友，94级广西农校园林专业学生(广西农校系广西农业职业技术学院的前身。学院于1993年创办园林专业)，在老三届校友们一致推荐下，编者联系采访了他。

1998年对于所有的大中专毕业生来说并不算什么幸运之年。尽管从理论上说，那一年的大中专毕业生仍由国家统一进行就业分配，但市场经济的浪潮早已把许多计划体制里的东西荡涤干净，大中专毕业生自谋职业其实早已开始。何金友就在这一年走出校门，这就注定了他的人生道路要走得艰难且充满了变数。

一、梅花香自苦寒来，厚积薄发事竟成

何金友来自广西富川瑶族自治县的山区，父母都是普通农民，他们坚信知识改变命运，希望即使考不上重点高中也要上重点中专，做个有知识文化的人，在家人的鼓励下，他报读了广西农校乡镇企业管理专业，后在入学时调换成园林专业，园林专业在广西是个新兴行业，就业前景很好，家里人觉得这个专业换得好。

作为一个学生，他是勤奋的，在班主任韦耀福老师的印象中，他担任班干部，爱好广泛，学习不是特别拔尖，拿过奖学金，非常注重实践操作；担任学生干部，他有很强的组织能力，在摄影协会担任会长时，开办培训班，还利用周末借用校团委的相机，带领会员们在校园里做拍照晒相的业务，并有了小创收，这些收入可以帮助来自农村的同学减轻不小的生活压力；作为一个社会人，他很有爱心。有一次在小区看到一个阿姨因为失业下岗唉声叹气，他建议阿姨去花鸟市场盘些盆花回来卖，一盆5元的盆花可以在官塘菜市卖15～20元，比卖青菜赚多了。他教阿姨认识一些常见的盆花，学习花木养护知识、销售技巧等，阿姨接受他的提议，挑着担子卖起了小盆花，生意越做越好，后来开了苗场做老板，进军园林苗木行业，赚大钱后还给在北京的儿子买了房。

毕业后何金友开始踏上自谋职业的艰难之路。他联系在狮山公园工作的师姐，因为他曾在师姐的苗圃里实习，实习期间他积极肯干，工作踏实能吃苦，师姐对他大为赞赏，推荐他去了广西斯壮股份有限公司的聚宝苑小区实习。到聚宝苑小区毕业顶岗实习也不是那么容易的一件事，公司经理见他学历低又没经验，不想录用他。但是何金友本着学习锻炼的目的，提出不领薪水的条件，于是经理录用了他。他非常珍惜这个难得的机会，每天卖力干活，小区里只有他一个绿化工人，但他充分发扬农校人乐观、肯干和能吃苦的精神，两个月下来就改变了小区领导和同事对他的看法，做到第三个月，开始给他发600元/月的工资，这在当时与事业单位一般行政人员的工资不相上下，让其他同学羡慕不已。

1999年单位和人民公园合作做一个楼盘售楼部的绿化工程，当时工期离开盘时间只有三

天，恰巧逢过节，合作单位没有一个负责人过来洽谈，但是何金友坚持带着工人没日没夜地赶工，等到开盘的当天早上，甲方项目经理着急地过来检查时，整个工地已被他收拾得干干净净。在这次赶工的过程中，他也摸清了绿化工程的具体操作和运营，于是他大胆提出想以1万元的价钱承包下一期的绿化工程，老总鉴于他平时的踏实肯干的表现爽快答应了。他牢牢抓住这次机会，在师姐和师兄那里分别赊袋苗和大王椰，工期如期完成，顺利拿到工程款。他信守承诺，立马交付苗木费，赚到了人生中第一桶金。

二、艰难困苦熬心志，玉汝于成终使然

赚到第一桶金，尝到了小甜头，2002年何金友和几个合伙人一起开始创业。公司走向正轨后，几个合伙人在一些经营理念和重要决策上意见不统一，出现了不少的矛盾，而且当时整个地产环境低迷，合伙公司最后还是以解散收场。

公司解散后，何金友继续坚持做园林工程，凭着良好的口碑加上市场环境逐渐好转，做好几个项目后慢慢地还清债务。

路漫漫其修远兮，他沉下心钻研专业知识，考取了南京林业大学函授大专并取得大专学历，工作之余时常找机会去广州普邦园林公司、广东棕榈园林公司等大公司的工程项目现场，学习别人先进的施工工艺、管理经验。

三、对于大学生创业的一点忠告

他发现现在的年轻人普遍有个现象，特别看中自己得到多少薪水，而不是掂量自己能做多少事。在他看来，如果一定要创业，草率地去创业，多少钱都不够赔。

基于他的经验，供大家参考：

①创业前，最稳妥的还是选择在优秀的企业里锻炼，掌握基本技能和业务手段，最好能积累一些人脉。

②创业和行业大环境有关，因此大学生选择创业项目时最好考虑朝阳行业。

③选择就不要放弃，路是一步步走出来的。不要小看自己，何金友用自己的方式向我们证明了一个事实，那就是作为高职院校的大学生同样也可以去创业。盲目地去创业不可取，要有明确的目标和坚定的信念，经验不足时可以先积累，等待时机成熟便可大展身手。

【思考讨论】

1. 为什么师姐、师兄和原单位的同事愿意帮助何金友？

____

____

____

2. 组建创业团队时应注意哪些环节？

____

____

____

实训任务一　构思创业项目

一、实训目的

(1)知道一个好的企业构思是创业成功的起点;
(2)创办企业要以小起步,量力而行;
(3)检验企业构思。

二、实训步骤

(1)第一步:按班级人数分组,建议5～7人/组
(2)第二步:用20秒的时间,请你列出喜欢的或者是觉得可行的创业项目。

(3)第三步:请分析以下问题,你的项目有市场需求吗?我有优势(货源、技术能力、资金等)吗?项目可持续发展吗?

(4)第四步:通过分析,把不符合以上条件的项目划掉,重新确定创业项目:

三、任务评价

教师对每个小组的任务实施结果进行评价，填写评分表。

表 1-4　评分表

序号	评价项目	评分分值	得分
1	项目新颖、有创意	50％	
2	项目可行性、理由充分	50％	
总分			

项目二

园林景观行业微型企业的创新创业项目

谁牵住了科技创新这个牛鼻子，谁走好了科技创新这步先手棋，谁就能占领先机、赢得优势。

——2014 年 5 月 23 日至 24 日，习近平在上海考察时强调

学习目标

- 了解园林景观行业微型企业的项目创新创业要点；
- 了解创业团队的组织结构、分工，掌握市场调查与分析的方法；
- 感受造园大师的爱国情怀和创新精神；
- 感受国家政策对园林企业发展战略的影响。

【案例导入】

愿得此生长报国——建筑大师贝聿铭的爱国情怀与创新设计

一幢美丽的建筑，包含着建筑师的道德与美的鉴赏力。被誉为“华人之光”之一的建筑大师贝聿铭，在世界留下了中国人的美名，同时也将倾注了中国审美的建筑，永久地留在了世界各地。

对我来说，中国印记从未完全消失。现在我在美国住了七八十年，仍然觉得自己是中国人。不是很怪吗？我给了自己新的外表，但内心的一切早就存在了。——贝聿铭

享誉世界的华裔建筑大师贝聿铭(Ieoh Ming Pei)2019 年 5 月 16 日去世，享年 102 岁。贝聿铭出生于广州，为苏州望族之后，曾先后在麻省理工学院和哈佛大学就读建筑学。他是美国艺术与科学院院士，中国工程院外籍院士，土木专家。贝聿铭的代表建筑有美国华盛顿特区国家艺廊东厢、法国巴黎卢浮宫扩建等著名工程，被誉为“现代建筑的最后大师”。

在贝聿铭生活的那个年代，来自东方的建筑大师几乎为零，即便是在上海滩——中国的主场，做建筑的也都是外国人。那么贝聿铭是如何走上建筑的道路，并且成为一代大师的呢？

1927 年，贝聿铭的父亲把他送入上海青年会中学就读。来到上海的贝聿铭，被当时正在修建的上海国际饭店吸引住了。在 20 世纪二三十年代，中国几乎是没有高楼的，而上海国际饭店拟建 26 层。贝聿铭几乎每天都去看，一直坚持到封顶，这让他觉得建筑很值得研究，最让

贝聿铭痛心和遗憾的是在中国当时最繁华的上海，建起的这栋最醒目的建筑居然是由一位外国设计师设计的，于是他下定决心学建筑设计。

1935 年，踌躇满志的贝聿铭远渡重洋，前往美国麻省理工学院建筑系学习。然而，当时的中国没有建筑专业，初到美国学习建筑的贝聿铭也没有任何绘画的基本功，老师在看了贝聿铭最初的绘图作品后，摇着脑袋劝贝聿铭说，“你还是换个专业吧！”

怀揣建筑梦想的贝聿铭不肯轻易放手，他加倍刻苦学习，把所有课余时间都用来阅读资料、练习绘图。他写给家人的信中有这样一段内容：“我是来学习的，之后可以报效国家，我这一代的中国人都有很强烈的爱国心，我想使中国变得富强，并为此出一份力。”在这种想为国家出力的决心的推动下，1948 年贝聿铭终于以优异的成绩从麻省理工学院毕业。然而，所有他去应聘的公司，却都把他拒之门外。因为当时的各大建筑公司，对于来自建筑业相对落后的东方的设计师没有信心。正当贝聿铭屡屡受挫的时候，有一位房地产建筑公司的高管，独具慧眼地发现了贝聿铭的才华，于是，他打破美国建筑界的惯例，第一个聘用了来自东方的设计师。自此以后，贝聿铭开始在美国建筑界崭露头角。

现在，贝聿铭的建筑作品遍布全球，包括中国、法国、美国、德国、日本、澳大利亚、新加坡、加拿大、卢森堡、卡塔尔。他的作品多以公共建筑和文教建筑为主，被归类为现代主义建筑，他善用钢材、混凝土、玻璃与石材，追求建筑融合自然的空间观念。

贝聿铭 1979 年设计的香山饭店被称为改革开放后那一代中国建筑师的教科书。贝聿铭根据自己的一贯想法“越是民族的，越是世界的”，不辞辛苦走访北京、南京、扬州、苏州、承德等地寻找灵感，搜集素材，最后采取了建筑一系列不规则院落的布局方式，使香山饭店与周围的水光山色、参天古树融为一体，成为具有浓郁中国风格的建筑。

贝聿铭设计的香港中国银行大厦，1985 年破土动工，以每 4 天盖一层楼的速度拔地而起，整座超级建筑结构在 16 个月内完成，共 70 层，高 367.4 米，并成为香港地标性建筑。

1990 年，贝聿铭从事务所退休，退休后他在世界各地做了许多博物馆设计。其封笔之作苏州博物馆在结构布局、空间布局、采光通风上都闪耀着其特有的光彩，是当代新中式园林的典范。

苏州博物馆新馆选址位于历史保护街区范围，紧靠世界文化遗产拙政园和全国重点文物保护单位太平天国忠王府。位于忠王府以西、东北街以北、齐门路以东和拙政园以南地块，占地面积约 10 750 平方米。该地块被贝聿铭先生称为“圣地”，在这一地块上设计博物馆是“人生最重要的挑战”，“在这里设计博物馆很难很难，既要有传统的东西，但又一定要有创新，传统的东西就是要运用传统的元素，让人感到很协调、很舒服；创新的东西就是要运用新的理念、新的方法，让人感到很好看，有吸引力，因为时代是在发展的”。按照贝聿铭先生的设计思想和专家组提出的“中而新，苏而新”的设计思路，博物馆新馆的设计结合了传统的苏州建筑风格，把博物馆置于院落之间，使建筑物与其周围环境相协调。博物馆的主庭院是北面拙政园建筑风格的延伸和现代版的诠释。

提示语：

俗话说：“隔行如隔山。”因此应尽量选择与自己的专业、经验、兴趣、特长相关的项目。从一定程度上说，走自己熟悉的路才是离目标最近的。

任务一　分析艺术景墙设计创业项目

一、景墙设计项目的基础知识

在园林小品中，景墙具有隔断、导游、衬景、装饰、保护等作用。景墙的形式也是多种多样，一般根据材料、断面的不同，有高矮、曲直、虚实、光洁、粗糙、有椽无椽等形式。景墙既要美观，又要坚固耐久。常用材料有砖、混凝土、花格围墙、石墙、铁花格围墙等。景观常将这些墙巧妙地组合与变化，并结合树、石、建筑、花木等其他因素，以及墙上的漏窗、门洞的巧妙处理，形成空间有序、富有层次、虚实相间、明暗变化的静观效果。景墙是园林景观的一个有机组成部分。中国园林善于运用将藏与露、分与合进行对比的艺术手法，营造不同的、个性的园林景观空间，使景墙与隔断得到了极大的发展，无论是古典园林还是现代园林，其应用都极其广泛。

景墙类型及特征：

园林景墙有围墙、隔断、景观墙三种类型。他们也是逐渐发展变化的，景墙最主要功能是防护作用。然后逐渐成为分隔空间和组织空间的一个有效的手段，那就是隔断。园林中的“通而不透、隔而不漏”就是隔断作用的最好说明。然后景墙演化成园林环境中包括室内和室外的功能性和装饰性的小品设施，在园林中起到造景的作用，其丰富的造型和多变的色彩使之成为园林中不可缺少的静观之一。景墙按其构景形式可以分为：

(1)独立式景墙　以一面墙独立安放在景区中，成为视觉焦点。

(2)连续式景墙　以一面墙为基本单位，联系排列组合，使景墙形成一定的序列感。

(3)生态式景墙　将藤蔓植物进行合理种植，利用植物的抗污染、杀菌、滞尘、降温、隔声等功能，形成既有生态效益，又有景观效果的绿色景墙。

二、景墙设计项目的行业标准

可供我们参考的艺术景墙设计的标准有《风景园林制图标准》(CJJT 67—2015)、《园林基本术语标准》(CJJ/T 91—2017)、《房屋建筑制图统一标准》(GB/T 50001—2017)、《天然石材统一编号》(GB/T 17670—2016)、《园林绿化工程工程量计算规范》(GB 50858—2013)等行业标准，可以参考这些行业标准来进行艺术景墙设计的创业项目规范。

三、景墙设计项目的项目概况

根据创业者的目标，可以把艺术景墙设计的创业项目分为三个阶段：参观学习阶段、设计阶段和设计施工阶段。

1. 参观学习阶段

艺术景墙设计的门槛相对比较高，未出校门或刚出校门的创业者需到相关的设计企业及施工企业参观学习一段时间，积累设计及施工经验。

设计企业参观学习的内容主要有：

了解相应的规范及制图标准，相应的规范及标准上面已有提及，在这里主要提及的是同学们在校练习绘制施工图的量比较小，艺术景墙的设计牵涉到后期施工图的绘制，创业者要多学习施工图的绘制技巧，如熟练使用CAD快捷键、不同比例大样图如何放到同一张图纸出图、出图后字体大小、标题栏及会签栏的绘制等。

除了了解这些规范及标准外，还要重点了解视距与景墙高度比达到什么数值时将产生什么样的视觉效果，这对于景墙设计效果产生很大影响，具体如下：视距∶景墙高＝1∶1时，视角为45°，空间将达到完全封闭状态；视距∶景墙高＝2∶1时，空间处于半封闭；视距∶景墙高＝3∶1时，封闭感最小；当视距∶景墙高＝4∶1时，封闭感完全消失，对景墙最理想的观赏距离应为视距与景墙高之比为2∶1时，按此比例，视平角为27°，能轻易看到建筑物顶部。

施工企业参观学习的内容主要有：

(1)了解施工程序；

(2)学习如何把图纸与现场结合在一起；

(3)学习如何根据图纸施工；

(4)认识建筑材料；

(5)学习景墙基础做法；

(6)学习施工方法的问题。

2. 设计阶段

创业者在设计图纸绘制及施工问题处理上累积了一定的经验，此时可以以设计小组的形式承接一些小型艺术景墙的设计，在此阶段需要加强和熟悉规范及制图标准，为后面扩大经营规模做好准备。

3. 设计施工阶段

在积累了一定的资金和人脉后，可以注册公司承担大型艺术景墙的设计及施工任务。在这之前要调研市场对艺术景墙的需求来扩大自己的规模。承接施工任务需要一定的资金量，所承担的风险也比前两个阶段大得多，在承担施工任务之前要做好周密及细致的施工计划。

四、景墙设计项目的基本技能

本创业项目要求创业者熟练掌握设计及施工的一系列细节。

1. 设计技能

要求创业者必须掌握的设计技能包括：

(1)艺术欣赏能力　艺术鉴赏能力指的是敏锐的艺术思维，具有较高的艺术欣赏能力，也就是说你得懂得什么是美，只有真正有了美感，才可能设计出具有美感的艺术景墙。我们可以说每个人的审美习性会有差异，但是，抛开个性特征，大众对于美的认识是趋同的，例如比例的协调、对称与均衡的感知、色彩的对比与调和、形体的对比与变异等等。

(2)基本绘图能力　艺术景墙的设计最终要形成图纸，给施工提供依据。这里所指的绘图能力包括草图方案能力、施工图能力。草图方案能力要求创业者有一定的手绘技能，给方案沟通提供一定的便捷性;施工图能力要求创业者使用绘图软件绘制施工图,涉及的软件包括AutoCAD、天正建筑等。

(3)处理艺术景墙与建筑、文学、艺术关系的能力　艺术景墙设计既要考虑与周边环境气氛的呼应协调,也要考虑与文学、艺术的联系,景与文成,文因景名,以文点睛,更增人文气息。

(4)系统思考的能力　随着管理越来越规范,施工方一般按图施工,所以要求图纸一定要规范,各种图例应当清晰明了。设计时要注意细部,预料到施工中可能出现的关键技术问题,应当在图纸上清晰标出。

(5)不断学习的能力　景观材料及施工技术的变化要求创业者要有不断学习更新知识的能力,要注意现代虚拟现实技术等更加真实的表现手段在设计上的应用。

2. 施工技能

要求创业者必须掌握的施工技能包括:

(1)工程制图与施图能力　施工前首先要能够读懂图纸,能够熟练掌握园林图纸的绘制方法和识图要领,为后续施工打下坚实的基础。

(2)现场工程施工技术指导能力　图纸完成后,能不能按照设计师的意图完成施工和施工员的艺术修养及技术指导有着很大的关系,要求创业者有处理一切问题及指导施工的能力。

(3)工程放线能力　艺术景墙的施工第一步要确定位置,工程放线是确定位置的方法。创业者要熟练掌握测量学的基本知识、水准测量、经纬仪与角度测量、距离测量与直线定向、测量误差及数据处理的基本知识、小地区控制测量、数字化测图、地形图的识读与应用、施工测量等内容。

(4)现场施工管理能力　创业者要具有现场施工管理的能力,具体包括艺术景墙施工组织、进度计划,施工组织设计、施工进度控制、质量控制、成本管理、安全管理、劳动管理、材料管理、现场管理、施工资料管理以及工程竣工验收与养护期管理等方面的能力。

(5)竣工图绘制能力　竣工图是施工企业与甲方结算的依据,创业者必须具有竣工图绘制的能力。竣工图的绘制主要是在原设计图上对出现变更部分进行修改及绘制,涉及的软件主要有AutoCAD、天正建筑。

五、景墙设计项目的市场前景

随着生活水平的提高,人们对居住环境要求越来越高,艺术景墙设计项目作为园林景观行业的细分市场,其设计与施工越来越受到欢迎和重视,是社会经济发展的必然结果,是人们日益重视环境品质的直接体现。

六、景墙设计项目的运营模式

1. 成立设计公司模式

创业初期阶段,经验及资金都较少,成立设计公司以设计小组的形式开展工作,压力及风险都较小。在成立设计公司前或者初期,设计组成员要多学习经验,多去好的设计公司及施工企业参观学习。

2. 成立设计及施工企业模式

创业者经过一段时间的创业经历后，积累了一定的经验及资金，也积累了一定的人脉关系后，可以增加施工资质，承接设计及施工项目。设计及施工一条龙服务有一定的市场竞争力，设计及施工分开的项目，可能因为施工员没有完全理解设计师的意图而达不到设计效果，而设计与施工一条龙服务有效地避免这个弊端，能够更好地把设计者及甲方的意图完全体现在施工作品中。

七、景墙设计项目的创新思路

现阶段，艺术景墙的设计基本上是在整个绿地设计中由景观设计师统一设计完成。在大的景观设计中，很多设计师没有足够的心思去设计一处艺术景墙，大部分以抄袭及修改别人作品为主。在这种情况下，艺术景墙的特色创新及定制定受甲方青睐，想得到比较好的市场认可度，创业者必须做到与别的景观设计师有不同之处，那就是有自己的原创，有自己的特色与创新，这些创新包括形式、文化、材料及色彩等。

(一)景墙设计的创新手法

中国古典园林是古代建筑和造园艺术的典范，代表了中国人的审美情趣和美学取向，在世界建筑史上占有一席之地。随着中国民族意识的复苏，现在传统风格受到越来越多人们的喜爱与追捧，“新中式”园林景观就是其中的一个主要代表，也是现代房地产景观流行的风格，带有“中国味”的景墙设计受到青睐。

1. 中国传统设计语言的提炼与简化

通过对传统园林景墙要素的概括与简化，新中式居住区的景墙立面抛弃了传统景墙固定程式、复杂细节。在景墙的整体设计效果上，删繁去奢，力求简洁明快的中式风格，把握中国古典园林景观设计的内在实质，符合现代人的视觉审美要求。

2. 对中国传统设计要素的解构与重组

与概念化的再现一样，解构和重组也重在对传统园林精髓的把握，神似而形不似。以不同方式重塑传统，再现传统，使景观在整体上透着现代气息，又承载中国特有的文化内涵。

3. 传统色彩元素的现代运用

新中式居住区景墙的设计中，用现代设计的观念和表达手法，对传统颜色进行选择、解构和重组，创新景墙的色彩格调，在传统氛围中加入时代气息，但也并不失传统色彩感。例如，北京万科如园的景观是以长城灰为色彩背景，主导和引领着端庄厚重的整体格调氛围。同时，还穿插使用了少量的金色和白色等现代颜色元素，带来活跃明快的时代感。

4. 传统图案符号的现代运用

在传统住宅园林中，这些文化符号有着约定俗成的使用途径和美好寓意，发挥着吉祥祝福、文化熏陶、装饰美化的重要作用。龙、凤、狮子、鹿、麒麟、梅、兰、竹、菊、松、荷、祥云、中国结、回形纹、万字符、井字形，尤其是书法文字、国画等寓意美好的图案符号，从点点滴滴之处的装饰作用，烘托出令人倍感亲切的中国文化的氛围(图 2-1)。

新中式居住区景观运用现代艺术的表现手法和现代材料，通过变形、简化、重组等自由灵活处理，在景墙立面上再现这些传统文化图案符号。例如北京鲁能钓鱼台美高梅别墅中在景墙立面上运用了九宾之礼文化符号，九宾之礼是古代最隆重的礼节，原周天子接待天下诸侯的重典，被提炼为授玉、敬茶、对酒、墨宝、共膳、礼乐、棋弈、平衡、上座九个文化符号。景墙设计过程中在对九宾之礼理解的基础上进行符号的提炼并运用于景墙立面中，使景观具有中式元素风格之外也拥有了中式文化内涵。

图 2-1　大唐臻观中心会所的新中式景墙

(二)景墙材料与工艺的创新案例

垂直绿化景墙方案适用于海绵城市建设垂直绿化的建造。立体绿化基于生态效应和环境质量两个方面，不占用地面面积，利用植物向建筑空间方向发展。传统的保温隔热技术只考虑增强建筑外围护结构的隔热能力，而忽略了环境的散热状况，往往以提高建筑外围护结构的外表面温度作为代价，太阳辐射热仅仅是阻挡在建筑外表面或转移到外环境中去，影响和提高室外环境温度，强化城市热岛效应，造成城市气候及空气污染物的扩散和迁移等环境品质的恶性循环。而利用自然的生态绿化隔热技术，夏季通过植物叶片、冠层的遮阳作用和植物蒸腾、蒸散作用，调节及减少建筑物吸收的太阳辐射量，改变环境的热、湿平衡，降低建筑空调负荷，实现建筑节能；冬季绿化起风屏作用、减小风压，减少冷风渗透量，防止室内热量向外散失，对改善和调节室内热舒适度有一定的作用。由于通过植物自身的光合作用，消耗、转化或反射了一部分太阳辐射能量，蒸腾作用吸收大量的热量，根系自身呼吸产生热量，在墙面与外界之间形成一个过渡空间，降低之间的温度差。立体绿化隔热技术利用反射、遮阳、通风、被动蒸发等方式，更有利于室内外热环境品质的根本改善。

1. 设计依据

《广西建筑立体绿化隔热技术应用指南》(桂建标〔2015〕47 号)、《城市绿化工程施工及验收规范》(CJJ/T 82—2012)、《夏热冬暖地区居住建筑节能设计标准》(JGJ 75—2012)、《广西公共建筑节能设计规范》(DBJ 45/003—2012)、《绿色建筑评价标准》(GB/T 50378—2019)、《民用建筑绿色设计规范》(JGJ/T 229—2010)、《绿色建筑设计规范》(DB 37/T 5043—2015)。

2. 适用范围

(1)生产类的厂区建筑，可依据厂区的污染情况合理选择并配置植物，达到植物降低噪声、停滞灰尘以及净化水体等方面的净化功能。

(2)商业类建筑物，应该侧重于把商业行态同绿化的休憩环境进行有机的结合设计，促进其形成一种互动的形式。

(3)酒店以及餐饮服务类建筑物，应该侧重于把服务功能同绿化的休闲环境进行有机的结合设计。

(4)医疗类建筑物，应该依据医院以及疗养院所存在的不同病菌情况，配置出相适应的一些杀菌植物，更好地发挥这些植物独具的杀菌功能，并且创造出一个安静、清新的休憩与疗养空间。

(5)科研类建筑物，应该在办公场所依据实验的需求，相应地配置种植一些相适应的植物，从而满足科研需要。

(6)办公类建筑物，应侧重于把立体绿化同交流以及休憩的空间有机地结合在一起。

(7)居住类建筑物，应侧重于实现植物的使用以及观赏价值，如近年流行的各类菜园均大受欢迎。

另外，设计师还可以设计出一些把绿化植物的景观作为主题的建筑或者是空间，例生态办公楼、生态住宅、花园商场、花园酒店以及生态餐厅等。

立体绿化与建筑一体化，二者相结合形成统一整体，其节能效果显著，通过对种植屋顶以及立体绿化外墙(以三种广西地区常用墙基体加气混凝土砌块、自隔热混凝土砌块、烧结页岩多孔砖为例)进行一体化节能设计，可获得其主要的热工参数，结果列于表 2-1、2-2、2-3。

表 2-1　种植外墙热工参数之一

部位	构造层							热惰性指标 D 值	传热系数 K W/m²·K	热阻 Ro m²·K/W
	材料名称	厚度/mm	导热系数/W/m²·K	蓄热系数 W/m²·K	热阻 m²·K/W	热惰性指标 D	修正系数			
外墙1	轻质黏土	10	0.47	6.36	0.02	0.14	1.00	3.76	0.97	1.04
	一般空气层(垂直空气间层)	15	—	—	0.08	—	—			
	水泥砂浆	20	0.93	11.37	0.02	0.24	1.00			
	蒸压加气混凝土砌块(B07 级)	200	0.22	3.59	0.73	3.26	1.25			
	混合砂浆	20	0.87	10.75	0.02	0.25	1.00			

表 2-2　种植外墙热工参数之二

部位	构造层							热惰性指标 D 值	传热系数 K W/m²·K	热阻 Ro m²·K/W
	材料名称	厚度/mm	导热系数/W/m²·K	蓄热系数 W/m²·K	热阻 m²·K/W	热惰性指标 D	修正系数			
外墙2	轻质黏土	10	0.47	6.36	0.02	0.14	1.00	3.13	1.45	0.69
	一般空气层(垂直空气间层)	15	—	—	0.08	—	—			
	水泥砂浆	20	0.93	11.37	0.02	0.24	1.00			
	自隔热混凝土空心砌砖	200	0.48	6.00	0.38	2.50	1.10			
	混合砂浆	20	0.87	10.75	0.02	0.25	1.00			

表 2-3　种植外墙热工参数之三

部位	构造层							热惰性指标 D 值	传热系数 K W/m²·K	热阻 Ro m²·K/W
	材料名称	厚度/mm	导热系数/W/m²·K	蓄热系数 W/m²·K	热阻 m²·K/W	热惰性指标 D	修正系数			
外墙3	轻质黏土	10	0.47	6.36	0.02	0.14	1.00	3.85	1.44	0.70
	一般空气层(垂直空气间层)	15	—	—	0.08	—	—			
	水泥砂浆	20	0.93	11.37	0.02	0.24	1.00			
	烧结页岩多孔砖	240	0.62	8.32	0.39	3.22	1.00			
	混合砂浆	20	0.87	10.75	0.02	0.25	1.00			

通过类似工程模拟居住及公共建筑的节能计算，三种广西地区常用的墙基体，由于空气间层、植物自身的叶片、冠层的遮阳作用和植物蒸腾、蒸散作用，调节及减少建筑物吸收的太阳辐射量，有效降低了外墙的传热系数，对外墙围护结构的节能起了一定的作用。

3. 结构介绍

垂直绿化可分为模块式种植箱、种植盒(槽)、种植袋、种植毯；四种墙面绿化示例如图 2-2 至图 2-5 所示。

图 2-2　模块式种植箱及其构造

图 2-3　种植盒(槽)构造

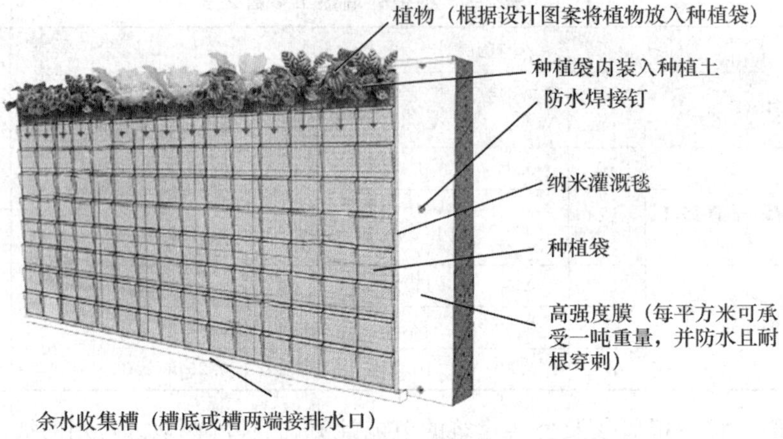

图 2-4　种植袋构造及灌溉系统

对植物的造型设计中

完美的设计，清新、浪漫的感觉

图 2-5　种植毯构造

(1)模块式种植箱　模块式是将种植模块垂直安装在建筑墙体基体或独立存在的一种绿化形式。模块式立体绿化与建筑立面设计相结合，可用于所有结构类型的墙体，具有模块化、系统化、可移动、易装卸、速成景、易养护等优点，绿化植物可根据需要定期更换，更换时可以单个模块进行，方便施工，且不影响整体绿化效果，模块寿命可长达十几年。绿化植物可选用各种常绿和季节性植物，适应性强，为个性设计和快速成景提供了良好的可行性。

模块式种植箱绿化系统剖面、立面效果、种植箱与钢架节点图如图 2-6 所示，模块式种植箱钢架一个梁节点如图 2-7 所示，模块式种植箱钢架与楼面节点如图 2-8 所示，模块式种植箱灌溉系统如图 2-9 所示，立体绿化种植箱组成如图 2-10 所示。

模块式种植箱绿化系统立面效果

模块式种植箱与钢架节点图

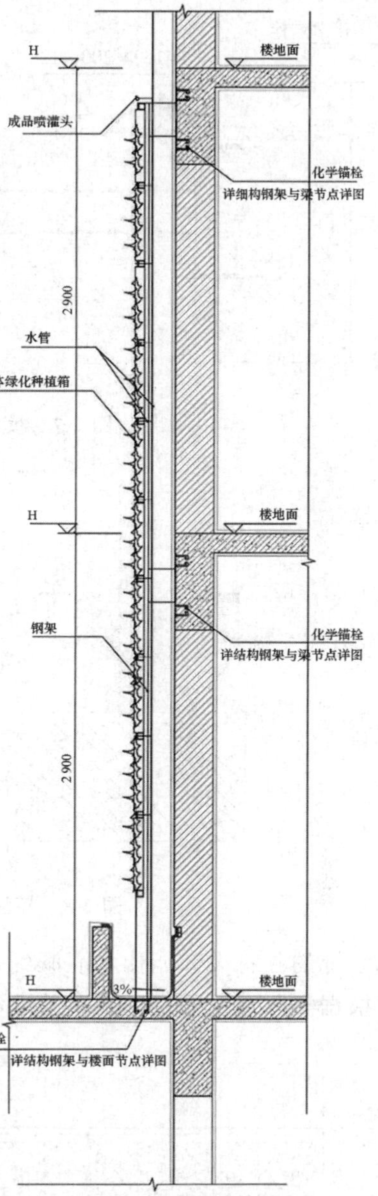

模块式种植箱绿化系统剖面示意图

图 2-6　模块式种植箱绿化系统剖面、立面效果、种植箱与钢架节点图

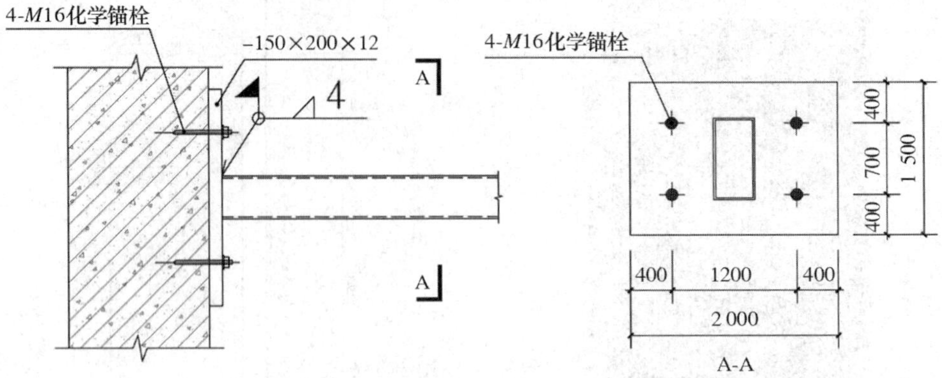

图 2-7　模块式种植箱钢架与梁节点

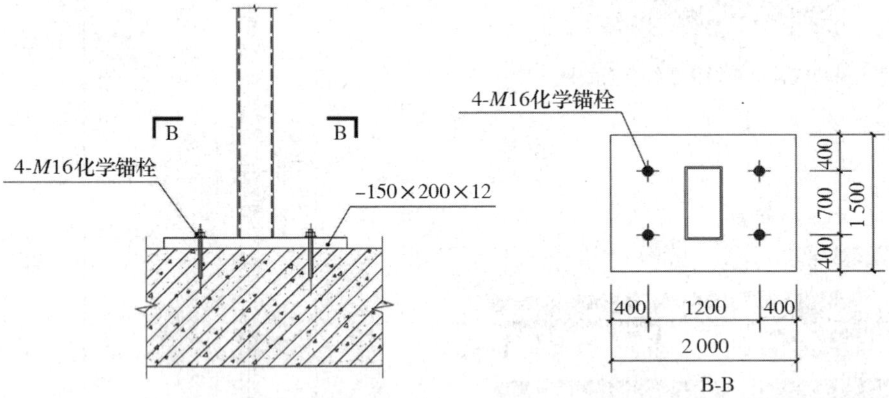

图 2-8　模块式种植箱钢架与楼面节点

灌溉系统的独特设计能让水灌溉到每一个立体绿化种植箱。采用电磁阀控制水量，使灌溉水量能根据实际情况而定。多余的灌溉水流到底部排水沟中，随后排入排水管中。

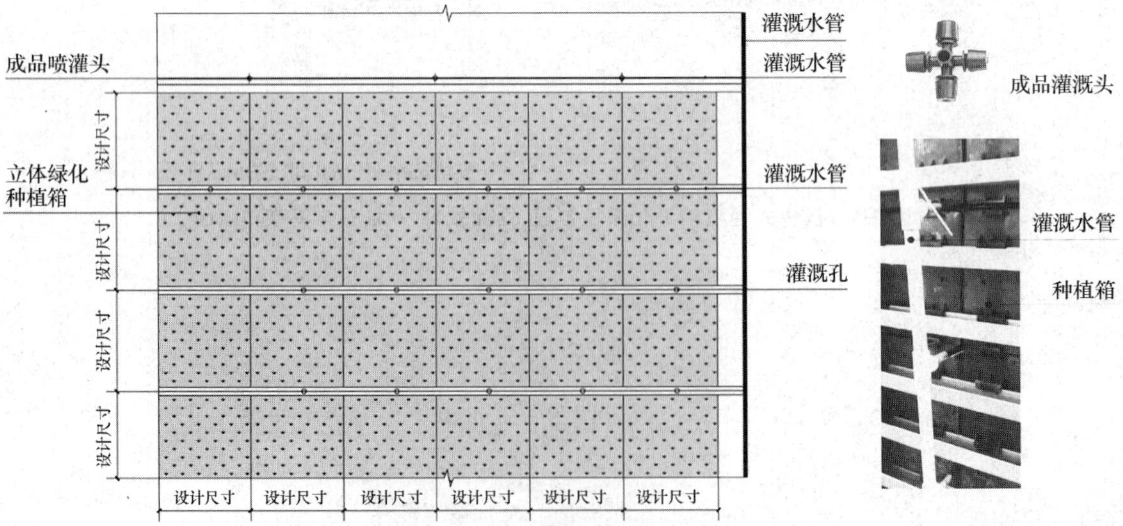

图 2-9　模块式种植箱灌溉系统

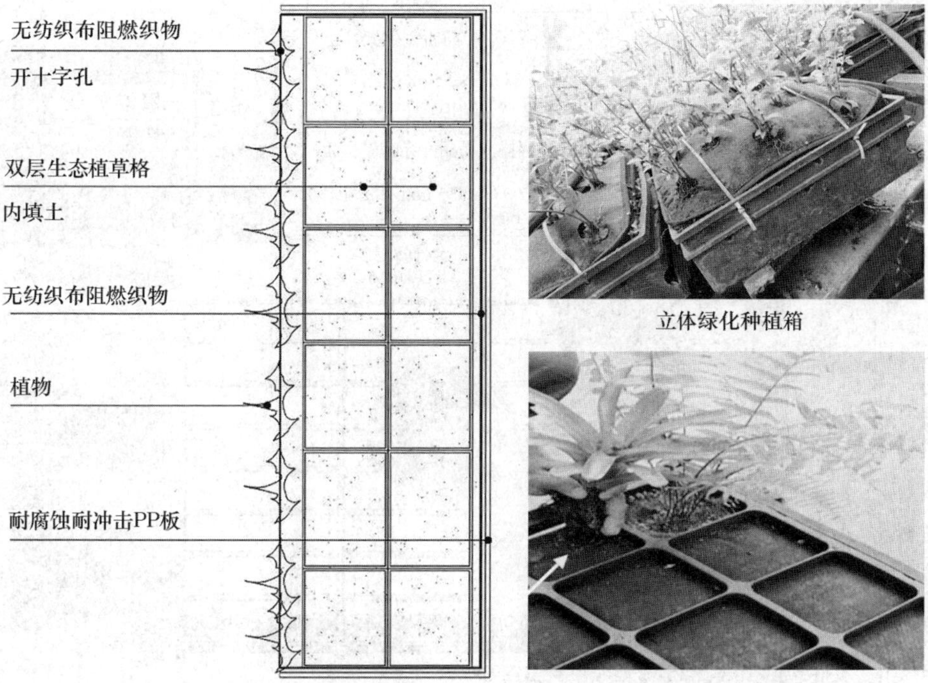

立体绿化种植箱

立体绿化种植箱组成示意图

图 2-10　立体绿化种植箱组成

立体绿化种植箱由耐腐蚀耐冲击 PP 板、无纺织布阻燃织物、双层生态植草格和种植土组成，尺寸可根据实际设计定制。与以往的采用一整块培养基的种植箱相比，该立体绿化种植箱中的双层生态植草格有利于防止由于时间和重力作用导致种植土下沉、不能均匀分布于种植箱的弊端。在无纺织布阻燃织物上开十字孔洞，使孔洞可根据植物的长势自行伸缩调整，也可防止泥土散落。

（2）种植槽（盒）　盒式植物墙目前有很多种形式，是使用特定的植物墙器皿来实现植物的生长环境，将植物墙的资材量化的做法，植物盒在植物墙行业里面也称之为盆组，目前在国内植物墙行业里的形式多种多样。除了上述的做法外，还有很多种植物墙做法的变形和衍生（图 2-11、图 2-12）。

（3）种植袋　种植袋式垂直绿化是在做好防水处理的墙面上直接铺设软性植物生长载体，比如毛毡、椰丝纤维、无纺布等，然后在这些载体上缝制布袋，在布袋内装填植物生长基材，种植植物，实现垂直绿化。供水可以采用渗灌方式，让水分沿载体往下渗流（图 2-13、图 2-14）。

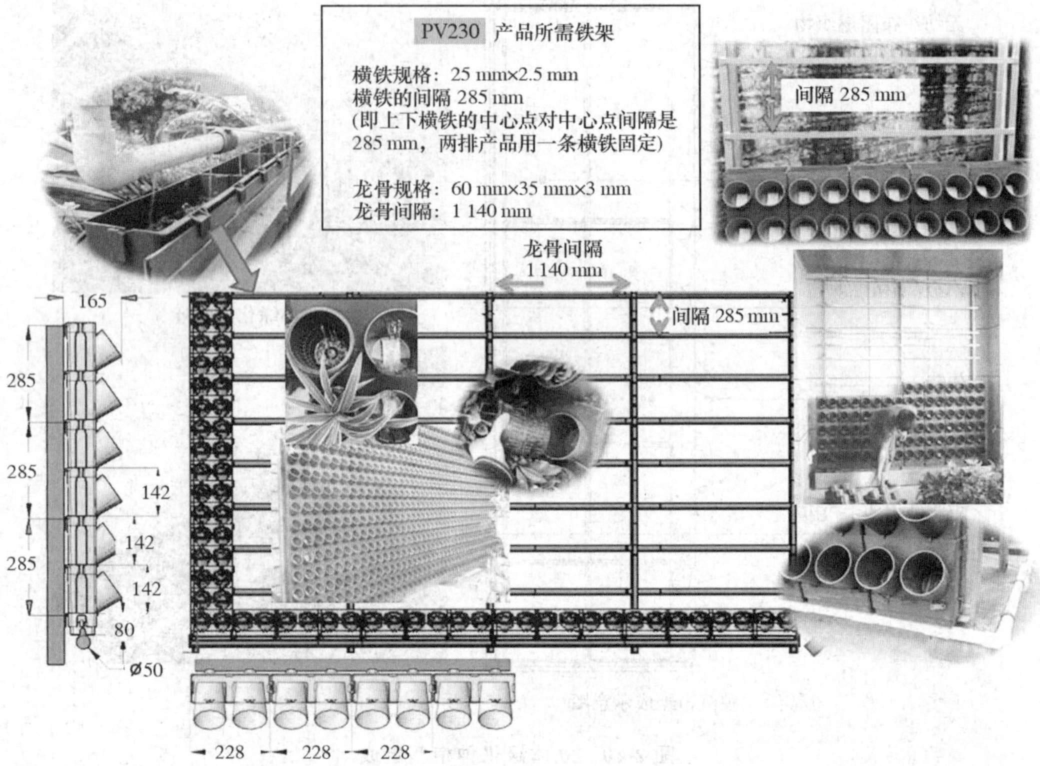

图 2-11　垂直绿化种植盒(槽)结构

图 2-12　垂直绿化种植盒(槽)种植

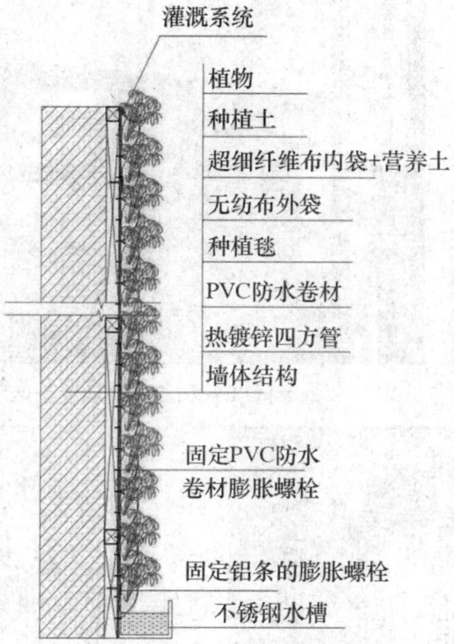

说明：绿墙直接固定于现有钢架结构，需满足 40～60 kg/m² 的荷载。墙体种植系统与固定结构之间，用专业胶水或防水可焊接固定钉固定。进水管与业主提供的进水点相接。地面设置不锈钢水槽，排出多余水量。植物选用适合环境生长的室外植物，并可根据植物不同，形成不同图案和色彩。图中热镀锌四方管可换成不锈钢。

图 2-13　墙体绿化细节剖面示意图

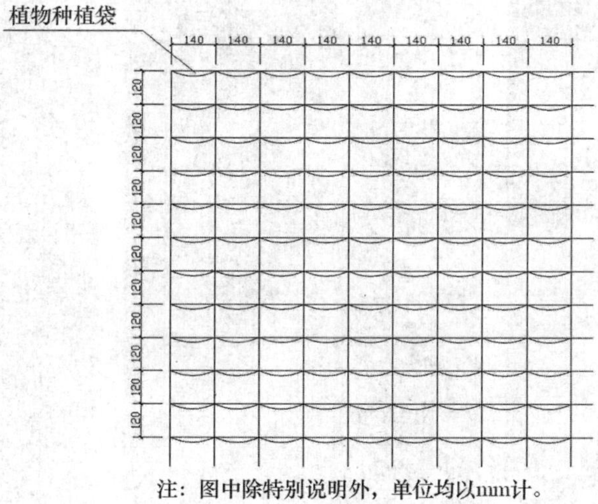

注：图中除特别说明外，单位均以mm计。

图 2-14　墙体绿化种植袋尺寸图

(4)种植毯　种植毯式(布毡)系统由法国人专为垂直花园设计，该系统将植物栽植于袋状布毡中与墙体连接，采用滴灌技术维持布毡湿润状态，以供给植物生长。布毡系统开放式的结构利于植物根系生长，形成融为一体的景观效果。同时，布毡系统对墙面的总负荷低，所占用的空间也少，成功解决了垂直花园的墙面负荷、抗风防冻和养料供给等问题。

布毡系统由金属格架、PVC 板和布毡三部分组成。在结构墙面上架设不锈钢架，再铺上 PVC 板，形成一层防水层；在防水层上用钢钉固定两层布毡；割开表层布毡，将植物的根部置入开口处，以两层相叠的布毡为植物根部提供生长附着空间；绿墙上方布置自动控制的滴灌设备，定时从上方施以水分和营养液，让水分沿着布毡向下扩展，提供植物所需养分(图 2-15)。

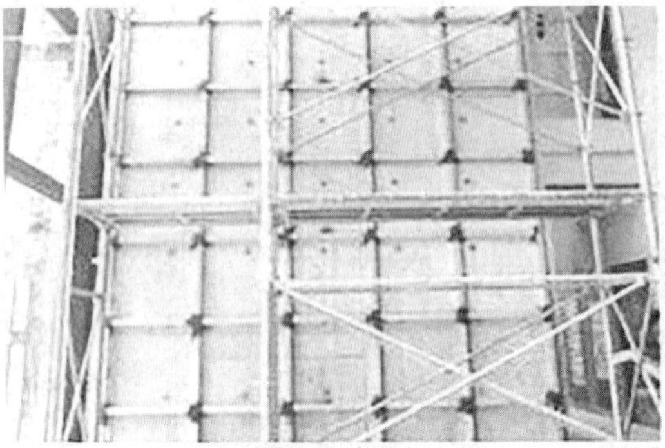

1. 搭设方钢龙骨架

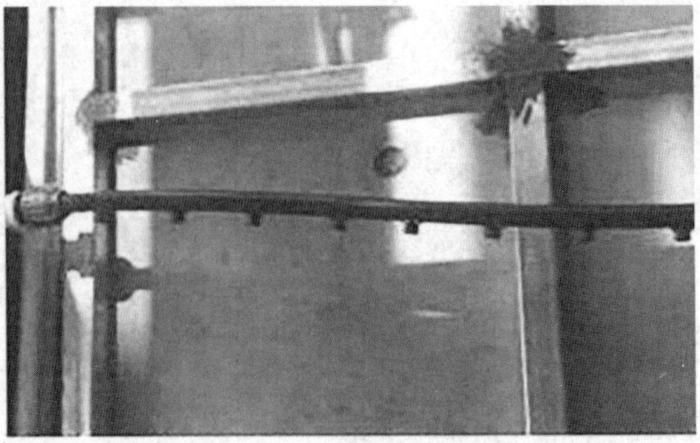

2. 滴灌PE管和滴头，后置于两层毛毡

3. 搭设PVC板和毛毡

4. 开缝种植植物

5. 完成效果

图 2-15　垂直绿化种植毯结构

以上垂直绿化景墙 4 种形式根据工程造价和工程效果而选择，其特点比较见表 2-4。

表 2-4 垂直绿化景墙 4 种形式的比较

对比项目	样式			
	模块式种植箱	种植槽(盒)	种植袋	种植毯
造价	2 000～3 000 元/m^2	1 400～1 800 元/m^2	1 200～1 800 元/m^2	1 800～2 000 元/m^2
植物图案变化	一般	丰富	一般	丰富
植物覆盖率	高	一般	较高	高
植物生长方式	完全垂直	斜上方	斜上方	斜上方
长效性	较长	一般	一般	一般
植物选择多样性	最多	最多	较好	较好
是否水土流失	轻微	较严重	轻微	较严重
灌溉系统	灌溉充分	灌溉不充分	灌溉不充分	灌溉充分
后期维护和更换	不便利	便利	便利	较便利

4. 工艺要点

(1)生态种植土技术　基质或称营养基质、栽培基质，是指用来代替土壤以栽培植物的物质，基质质量的好坏会直接影响植物的生长和发育。

A. 垂直绿化基质的质量要求

因垂直绿化应用实际条件所限，要求所用基质应达到如下要求：①质量轻；②保水保肥力强；③不易板结；④通气透气效果好；⑤无异味。

B. 基质组成

①土壤。根据土壤质地可将土壤分为砂土类、壤土类、黏土类。砂土含黏粒少砂粒多，通气透水性好，但蓄水保肥性差；黏土含黏粒多，吸水保肥性强，但通气透水性差；壤土兼有两者优点。土壤因质量较重，垂直绿化实践中建议少量与其他介质掺混使用，使用前最好用药剂消毒处理。

②泥炭土。由泥炭土藓碳化而成，泥炭土本身可供植物吸收利用的养分不多，但含有大量纤维和腐殖酸，吸肥和保水能力强，可与其他物质搭配使用，配制成重量轻、质量好、无病虫杂草的基质，使用时可根据所栽培植物品种选择纤维粗细不同的泥炭土品种并同时选择不同搭配物质。

③疏松透水材料。珍珠岩、蛭石是化工合成的建筑材料，质轻、多孔颗粒状、不含肥分，具有保水保肥和排水通畅的特别功能，可在基质中适量添加使用。

④缓释颗粒肥。因配方基质中肥料含量偏少，不能够满足植物生长所需，可在基质中添加适量缓释肥颗粒以满足植物初期生长所需养分。

以上材料是组成垂直绿化栽培基质的主要物质，具体配方含量可根据项目实际情况及所栽培植物品种、习性等确定。

需要注意的是，栽培基质中所含养分较少，应根据模块安装后期植物长势确定补肥频率及补肥量。

生态轻质种植土壤，配置的基质具备质轻、保水、透气、保肥、耐热、耐寒、耐踩踏等特质，而且无污染，不易被雨水冲走。土壤运用非金属矿、植物纤维、有益微生物活性菌等合成优异基质，并具有生物抗杂草的特性，养护简单，养护费用低廉，水耗低；施工工序简单，速度快；可选植物范围广，植被成长性良好，长势快(1个月要求草地长势茂盛)。

生态种植土酸碱性(pH)为6.98，是大多数细菌活动最适宜的pH；生态种植土巨大的表面积、表面良好的交换量对吸附可溶性养分有着重要的作用。疏松多孔的类活性炭结构轻质土壤，永不板结，将排水层和种植层二合一，施工工艺简单，从土壤基质方面改变了屋顶绿化系统的承重、保水、保肥、排水、板结等难题。生态种植土壤的有机质是土壤结构胶结物，也是结构的组成部分，增加土壤的疏松性、通透性、保水性、保肥性。

(2)水质要求及灌溉系统

A. 立体绿化应考虑良好适当的水源供应系统，必须达到安全、无臭、无(低)菌等条件，同时应考虑后续的费用问题。常用水源有以下几种：

①自来水供应系统：采用市政自来水直接灌溉。优点是取水方便，不用经过任何处理，缺点是直接采用经过净化处理的市政生活用水，对优质水资源造成一定程度的浪费。

②优质生活杂排水供应系统：优质生活杂排水经过灭菌增氧处理后用于建筑立体绿化的灌溉。优点是节约了污水处理成本，也提高了水资源的综合利用率，缺点是需增加一套优质生活杂排水排水系统，处理系统需专人管理，增加成本。

③雨水供应系统：雨水经过收集、沉淀和过滤等处理后用于绿化灌溉。优点是充分利用自然资源，比一般回收水的水质好，缺点是处理系统需专人管理，且受季节和天气状况影响因素较大。

对于平面绿化而言，植物周围巨大的土体可以扩散掉多余的水分；立体绿化则不同，狭小的墙壁悬空空间，植物根系的土壤体积很小，多余的水分无法扩散。

B. 传统的可用于垂直绿化的灌溉技术主要有：

①滴灌：利用塑料管道将水通过直径约10mm毛管上的孔口或滴头送到作物根部进行局部灌溉。不足之处是滴头易结垢和堵塞，因此应对水源进行严格的过滤处理。

②喷灌：利用喷头等专用设备把有压水喷洒到空中，形成水滴落到喷灌面和作物表面的灌水方法。

③微喷灌：通过低压管道将水送到作物植株附近并用专门的小喷头向作物根部土壤或作物枝叶喷洒细小水滴的一种灌溉方法。微喷灌的工作压力低，流量小，既可以定时定量的增加土壤水分，又能提高空气湿度，调节局部小气候。

④渗灌：通过工程设施浸润地面以下作物根部土壤的灌溉方法。

随着国家推进绿色建筑步伐的不断加大，垂直绿化技术已在各地逐步普及。但这种立体效果出众的绿化方式却时常面临灌溉难题。目前，无耗能水泵灌溉技术和痕量灌溉技术作为新兴的灌溉技术正处于推广阶段。

无耗能水泵灌溉技术：可以做到无耗能水泵在高度0～1.5 m的范围内控制任意位置的出水量，使其完全在同一数量级。超过这一高度只要多加一个几升容积的储水器即可解决，储水器利用了马桶自动进水原理，外接自来水管，只要储水器中的水位降低，自来水会自动进入升高水位直至自动关闭。在立体绿化中，只要将带有控水头的管道固定在高处的墙壁上，接上自动进水的储水器，整个系统就能够长久自动运行下去。

痕量灌溉技术：是利用毛细管力原理，结合膜过滤技术形成特制的控水头，每个控水头每小时的水流量可以控制在1～200 mL内，故得名“痕量灌溉”。与滴灌等灌溉方式相比，痕量灌溉可以节水一半以上，而且解决了滴灌的顽疾——堵塞问题。每个控水头都有独特的膜对水源进行自动过滤，只要有水，系统就能自动稳定工作。

合理的浇灌不仅要能保证水分的充分吸收，还应该避免水流污染植物和地面，保证灌溉的均匀度，降低成本，方便维护。

【他山之石】

进联德环保公司的绿色营销与可持续发展

广西进联德环保工程有限公司是广西农业职业技术学院园建系进行校企联合办学的共建单位，该公司倡导绿色、环保和可持续发展的理念。“绿色发展”是党的十八届五中全会提出的指导我国“十三五”时期发展甚至是为长远发展的科学理念和发展方式。绿色理念与举措将成为我国破解发展和保护难题，实现生产发展、生活富裕、生态良好的中国现代化新路径。国家在绿色理念的发展建设上，无论是加大依法治国的力度，还是加大公共基础设施投入，以及引进项目、开发建设等方面，都始终坚持绿色理念，“既要金山银山，也要绿水青山”。要确保生产安全、质量安全、生态安全，更要提倡绿色食品、绿色出行、绿色建筑、绿色GDP。创业、协调、开放都离不开绿色这个主题，目的是让百姓得到更多的福祉。

下面，让我们跟随记者一起采访广西进联德环保工程有限公司掌门人——吴德煌（见图2-16），看看他是如何做好绿色、环保这块招牌的。

图2-16　广西进联德环保工程有限公司执行董事经理吴德煌

一、再创业，我选择植物景墙的环保工程

记：吴总，请您谈谈当初为什么选择创业？

吴：我工商管理专科毕业后一直在桂林从事家族汽车零配件生意，后来发现零售批发行业的商品利润空间越来越小。2010年决定换一个行业进行创业。

记：外面的世界很精彩，外面的世界很无奈。您如何选定现在的行业，可以具体谈谈吗？

吴：俗话说，“女怕嫁错郎，男怕入错行”，怎么样才能让自己的事业上一个新的台阶呢？首先，考虑地理区位优势，南宁是广西省会城市，有很多潜质和发展空间。所以我决定从桂林转战南宁。

记：您的母校在南宁，对南宁并不陌生，转战南宁肯定没问题。

吴:其次,从事环保工程这个行业可以和优质客户、高端人士打交道。

记:您取得的业绩和每天接触的客户有很大的关系,对吧?

吴:是的。国家近几年非常重视和扶持生态、环保产业,当时我正巧搜索到上海有一期国际立体绿化、生态修复设计与施工高级研修班,我国正处于经济迅猛发展时期,工业生产、汽车尾气排放大量污染物,雾霾天气等已严重影响到人民的身体健康和大气能量平衡,立体绿化在这寸土寸金的时代,极大地发挥了美化环境,改善空气质量的良性作用。我敏锐地觉得从事这行很有前途,立马报名参加学习。

二、良心创业,打响品牌

记:您什么时候开始做业务呢?

吴:培训班里除了学习技术还能广结北上广的人脉,2011 年我迎来了第一单业务,正是上海培训班的同学介绍的,数额 100 万元,还挺大的,工地就在盛天房地产下的南宁楼盘。南宁当时还没有哪家单位做植物景墙这块业务。为了做好第一单生意,打开知名度,我组织专业技术人员做好精心备战,终于成功接下该项目。

吴:景墙正在施工的期间,因为甲方施工停水一周,没有及时和我们公司反馈,造成大面积植物死亡,我免费为甲方公司更换植物。因为要打响品牌,就必须凭良心做事,这也应了我们公司名称的“德”字

记:讲到公司的名称,具体代表什么意义呢?

吴:我们进联德公司,“进”代表的是不断进取的精神,“联”是联合多方的态度,“德”以道德品质控制质量的工作原则。

记:创业从来不会顺风顺水,当没有业务时,怎么办?

吴:创业必须有足够的耐力和激情去坚持。公司最初地址在地王大厦,地王大厦里进驻很多装修公司,我主动联系室内装修公司的朋友,通过装修公司推广室内植物景墙项目。2011 年底装饰公司的朋友正在做南宁民歌湖酒吧街改造装修,当时 CANDY CLUB 糖果酒吧老总被我的植物景墙的设计理念说服,做了 200 平方米的内外墙体绿化,其中有一幅长春藤“绿屏”景墙,这些长春藤不是南宁市场上的常见苗木,而是从云南育苗托运过来,植物叶色异常鲜亮。真实植物景墙应用到室内装饰这在南宁是首例,装饰效果受到业内高度认可。2012 年有许多商户为了让使用面积得到更好地利用,趁装修将原有的两层楼房私自改造成四层,外观上极大影响了整个酒吧街的形象,正值当年中国-东盟博览会开幕在即,政府相关部门紧急召开商铺外观整改会议,糖果酒吧作为示范,许多商铺纷纷效仿。

记:那你的业务肯定增加好多了?

吴:是的。另外一家酒吧,我大胆地把植物景墙吊装上墙,业主对效果非常满意。虽然是装上去了,但是却遇到原建筑加高层的结构问题,发生了漏水,积水直接渗透到酒吧的电梯间,造成一定的经济损失,我承诺整改不成——分文不取!这次经历积累了浇灌系统改造和首次吊装成品的经验。

三、创业建议

吴:留下好的口碑,遇到所有人都是朋友,而不是在这行业能赚上多少钱。曾经在创业初期经常向一个建筑结构师请教,没想到今年在拓展新业务的时候又遇上他,双方特别有默契。

记:感谢您与我们分享如此精彩的创业经历,那么结合您的经验,有什么心得体会和在校大学生分享吗?

吴:高中的时候自己就有经商的想法,所以选择工商管理专业,兴趣是最好的老师,我现在

还在学习股份管理。一个高校大学生要想在社会立足，入校时必须弄清楚三个问题：选择一所大学，得到什么？学什么？将来走出去能干什么？其次，要注意形象，形象有个人形象和企业形象。比如，你的衣着形象要给人干净利索。公司最早选择在地王大厦也是想给人感觉这个公司特别有实力。大学生毕业后可以先到感兴趣的企业中学习精髓再创业。

四、采访后记

每一个在社会上摸爬滚打的人，都有一段不为人知的心酸，吴总怀揣着青春梦想，不畏艰险，驰骋在行业。进联德公司至今经历了6年风雨，不断吸取经验教训，积累了一整套先进的技术与管理经验，短短时间内承建了立体绿化、生态护坡、屋顶绿化等76个的工程项目，吴总公司拥有10余个国家实用新型专利，在广西立体绿化行业成绩突出(图2-17、图2-18)。

图2-17　那考河生态护岸绿化

图2-18　钦州园博园生态护坡工程

任务二　分析庭院设计创业项目

城市化步伐的快速发展，使得生活节奏加快，居民生活水平的不断提高，庭院绿化建设也更多地出现在现代人的生活之中。民众环境意识的提高以及对生活环境的高质量要求，对庭院设计的要求不断提升。

一、庭院设计项目的基础知识

庭院景观：在庭院中把山石、水体、建筑和植物等要素通过一定的艺术和技术手段，创作而成的优美舒适的居住自然环境。庭院景观是一种人类再造的第二自然。

庭院设计：是借助园林景观规划设计的各种手法，使得庭院居住环境得到进一步的优化，满足人们各方面需求。庭院设计与庭园设计都属于园林设计的范畴，庭园设计更具有私人庭院的含义，相比较而言，园林设计大于庭院设计大于庭园设计。现代庭院设计多于现代建筑结合为一体，即庭院空间的组织随着建筑空间的空间序列展开而同步展开。现代这种设计结构多把建筑空间和庭院空间融合为一体，使得建筑更能汇合于环境、融于自然中。

(一)庭院设计的范畴

别墅庭院，是属于业主个人的私有空间，业主可以根据自己的喜好在其中布置绿化、休闲设施或各种环境景观小品。

入户花园，是入户门与客厅门之间的一个类似玄关概念的花园，不仅起到入户门与客厅的连接过渡作用，而且也起到室内庭院的作用，同时也可以起到多功能房间的作用。

空中(屋顶)花园，在各类建筑物、构筑物、桥梁(立交桥)等的顶部、阳台、天台、露台上进行园林绿化、种植草木花卉作物所形成的景观。屋顶花园不但降温隔热效果优良，而且能美化环境、净化空气、改善局部小气候，还能丰富城市的俯仰景观，能补偿建筑物占用的绿化地面，大大提高了城市的绿化覆盖率，是一种值得大力推广的屋面形式。

(二)庭院设计的主要风格

中国式：中国传统古典庭院指的就是建筑物前后左右或被建筑物包围的场地，庭院规划深受传统哲学和绘画的影响，由建筑山水花木合理组合成综合体，叠石理水植物配置都富有诗情画意，讲究虽由人作，宛自天开的境界。

日本式：深受中国庭院园林艺术的影响，也可以说是中式庭院的一个精巧的微缩版本，细节上的处理是日式庭院最精彩的地方，现在国际上比较流行。

法国式：设计成中轴线对称均匀的规则式布局，常将圆形或长方形的大型池塘设计在中轴线上，沿池塘两边高平直的窄路。

英国式：向往自然，崇尚自然，渴望一尘不染。设计中没有浮夸的雕式，没有修葺整齐的苗圃花卉，更多的是如同大自然浑然天成的景观，大面积的自然生长花草是典型特征之一。

(三)庭院设计的基本原则

1.统一与变化的原则

在庭院设计中,"统一"指风格的统一、色系的统一、材料的统一、线条的统一等,但如过分追求庭院元素的统一性则会显得刻板单调,所以便提出了"统一与变化"原则,在变化中求统一。庭院景观设计中风格的多样统一主要表现在:庭院的设计风格与周围小区的大环境相统一;庭院的设计风格与建筑风格、主色调相统一,并且要与室内装修风格一致;庭院自身的设计元素风格相统一,不能出现一块中式景墙,旁边搭配着欧式雕塑,则会显得不伦不类,风格杂乱的感觉。

2.比例协调原则

许多关于"理想比例关系"的理论,如"黄金分割、人体比例美学、古典柱式"等,都体现着一种比例协调的原则。所以,庭院景观设计中大到局部与整体的比例,小到一花一草、一石一木都要按照整体院子及建筑的大小,相互参照对比,形成相对舒适的比例关系。如庭院中的亭子、泳池、花池、树池、汀步的大小、围栏及廊架的高度和植物的体量等,只有比例协调,才能营造出最舒适的视野效果。

3.注重功能性原则

任何空间无论其景观环境多优美,意境多深邃,一旦忽略自身空间功能性特征,都不能算作是成功的设计。庭院的设计初衷便是更好地服务于居住者,为其拓展室外活动空间,如日常起居、庭院聚餐、晾晒衣物、休闲健身及园艺活动等。

4.经济合理性原则

庭院在设计时要统筹考虑预算范围,包括材料费、施工费、后期维护费及其他费用,整个设计从初期到完工都要遵循经济性原则。前期阶段要反复跟业主沟通,确定好每一处的设计及使用材料,避免后期施工时出现分歧导致人力物力财力的资源浪费。另外,原有场地如果有可利用的植物或其他材料,要充分用上,大型树木可选择修剪美化造型,小型灌木则可采用移植等方式加以利用,资源节约。中期阶段在设计时,尽量设计出易施工好操作的造型。铺装材料尽量少用不常见的,多绿化少铺装,以较低成本创造出优雅的庭院景观效果。最后,植物及其他元素的后期维护阶段,植物尽量选择易成活且生长速度慢的,节约人工修剪费。其他元素如防腐木可选择防腐质量高且成本低的,围栏尽量避开铁艺围栏,选择铝制品一次成型,防止后期生锈等烦恼。

5.艺术性原则

庭院设计中的艺术性体现在设计者为庭院所营造出的"诗境"与"画境",两者结合使人漫步庭院中沉浸于庭院的"诗情画意",感受庭院的"八面玲珑",欣赏庭院的"移步换景"的艺术景色。

(四)庭院园林元素设计注意事项

1.庭院自然条件

排水、光照、通风、土质等会影响到植物生长发育,特别是光照充足与否,所以必须首先弄清别墅庭院的自然条件,如日照时间,阴面与阳面的处理,季节风向等,在此基础上选择适宜这些环境的植物及地形处理方案。排水是庭院园林设计重点,一般结合地形找坡处理,绿地洼地设置地漏或雨水口,排入小区配套雨水系统。

(1)庭院水体元素设计　水是许多庭院里不可缺的精灵,它增加庭院景观的动感,给人视觉和听觉的双重感受。水景在缺水而冬季寒冷的北方是设计难点,既要考虑维护方便,节约用水，又要斟酌其冬季自然景观要好，且易采取保护措施，防止池体结构或管线冻裂，建议采用小体量易维护水景。

(2)庭院园林小品　花槽、花架、秋千椅、围栏，无论用在庭院中的任何角落，它都会给人创造一种温馨、自然的氛围，满足人们对自然回归的迫切渴望。在铺满鹅卵石的庭院中，摆放一张造型简洁的木桌椅，几件造型圆润、自然的小雕塑陶罐，都可以让人完全融入自然的氛围中去。特别是在北方，木制品和陶制品让北方的冬天不至拒人千里之外，它们又没有石材那尖锐、冰冷的感觉，只是木材的养护和打理需要费工费力。在北方，铺装避免选用光面石材及室外砖，现在市场上有些遇到水后，摩擦力反而更大的地砖也是不可用的，因为深秋下霜，这种地砖不能防滑。

(3)庭院植物设计　植物是庭院景观营造的主要素材，所以别墅能否达到实用、经济、美观的效果，在很大程度上取决于对园林植物的选择和配置。

(4)植物设计注意季相变化　植物景观是城市中唯一能够使人明显感受到生命变化的风景，园林植物随着季节的变化表现出不同的季相特征，春季繁花似锦，夏季绿树成荫，秋季硕果累累，冬季枝干遒劲。这种盛衰荣枯的生命节律，为我们创造庭院的季相变化景观提供了条件。作为对气候变化的一种特殊反应，植物的季相变化其实是植物适应外部环境的一种表现。比如，大多数植物会在春季开花，长出新叶；在秋季结果，而叶子也会由绿变黄变红变紫等等。这些给平常都市生活增添无限自然色彩的景色变幻，对于经年累月生活在水泥森林中的现代人而言，无疑是一种别样享受，似乎足不出户就能随时随地感受到郊外浓郁的大自然气息，是大自然景观向户内的延续。

2. 着重设计植物层次搭配

园林植物种类繁多，形态各异。有高逾百米的巨大乔木、也有矮至几厘米的草坪及地被植物；有直立的，也有攀缘、匍匐的；树形也各异，有伞形、圆锥形、椭圆形等，甚至能修剪出层叠式的各种造型。庭院景观则要精致、耐看，更注重在有限的空间内植物层次的搭配。可利用地形处理、整形修剪等手段结合植物高度、叶形疏密、分枝高矮等营造封闭、半封闭或开敞式等立体植物空间造景。

3. 选择适宜植物品种

庭院植物比其他类型园林景观植物与人的距离更密切，植物栽植的适宜性更需要着重考虑，如紫叶小檗、剑麻、仙人掌等具有针刺的植物尽量避免在庭院中使用，以防扎伤居住者；有异味或有毒植物，如构树、臭椿、鱼腥草、夹竹桃等避免栽植；庭院内种植空间有限，设计应选择生长速度较慢、易修剪的品种，以维持稳定的植物景态；植物选择要注意适地适树，选择本地乡土植物品种。

4. 植物的风水学

我国古代风水学主张庭院应广种植物、花草，认为它具有“藏水、避风、陪荫地脉、化解煞气、增旺增吉”四大功能。庭院内植物选择要考虑其所在地风俗及居住心理学，如有窗户前不适宜栽植大树，它会造成挡光遮阴，并使人心理上感觉不通畅，难以接受；部分地方民俗说法也需要考虑，如庭院不宜栽柳、槐、榕等。一般来说，房子后面栽大树，左右两边栽中等乔木，前面栽低矮灌木或种草，这种方式是庭院设计采用最普遍的布置原则，而且符合人们寻找“风水宝地”之心理需求，在设计中可以参考应用。

5. 庭院设计和程序

接受业主方的设计邀约或设计任务，组织开展现场勘查和现状调查，与业主进行充分交流，需要经过多次对接、对比与分析工作，才能最终确定庭院的设计方案。首先，第一次对接主要对现场的情况进行了解，记录业主最初的设想，如理想中的庭院是什么样子；其次，针对第一次对接概念很模糊的问题，提出庭院设计风格初步方案与业主进行第二次对接；根据业主对庭院设计初步方案反馈，对方案进行修改和深入设计；然后对接确定设计方案，满足全方位和个性化需求，并对设计中重要节点和细节进行深化和完善。最后，依据确定好的庭院设计方案，制作庭院设计方案图纸成果文件，并根据设计方案图纸编制项目工程设计概算。依据庭院设计方案效果图，制作庭院施工图设计图纸，并编制出工程预算。

二、庭院设计项目的创新思路

1. 业主参与的个性化设计

每位业主对自己的庭院或多或少都有自己的想法，要利用专业技能把这些想法落到实处。对于庭院设计来说，庭院业主或使用者更有发言权，往往不会讲究既定的模式和考量，相对比较随心所欲。人在庭院中感受是拥有一个小天地，这种内心的欣喜和满足就是庭院的魅力。在初级阶段，业主对庭院的要求十分模糊，有时会提出一些很抽象的描述，如“我希望我的院子是个令人兴奋的地方，为来访的客人提供吸引人的环境”，有时又很具体，“我想在庭院前种几株桂花，还要这屋子前面一个草坪”。针对这种情况，我们需要与业主进行多次交流，探讨客户的喜好，如设计风格、审美情趣、建筑、材料以及某些特殊的构成景观的元素（这个可以作为亮点设计）。也许得到的答案十分浅显，但是要透过现象去思考客户潜台词是什么，比如可以从一个人对植物的态度去了解他对于庭院植物景观的要求和维护意愿，由此来确定使用植物的种类和数量。或者从他不愿意有太花哨的设计来判定这个家庭也许很保守，那么就以传统一点的风格为主。

2. 庭院植物实用性配置和色彩设计

植物属于自然景观元素，植物美是构成庭院美的主要因素。在庭院景观中要因地制宜地考虑植物种植，可根据业主的喜好栽植观赏类、果蔬类等植物。在植物选择上，应注意协调庭院景观和园艺植物的关系，除了考虑园艺植物生长环境的需求外，还应考虑到植物在季节维度上的需求，如在四季变化中园艺植物会呈现出不同的景观效果，庭院景观环境也会带来不同的视觉冲击，同时业主在庭院的园艺活动也会有相应的调整，以确保庭院在整体上的和谐统一。此外，园艺植物还承担着生态服务功能。在庭院中种植园艺植物，不仅让业主在闲暇之时体验种植过程的园艺之乐，还可以体验收获成果的喜悦。

在庭院设计中，植物色彩面积的大小及明暗都会对人的视觉和心理会产生一定影响，如在庭院入口道路两边，路两旁的空间大小不相等或相差得很多，使主人在心理上和视觉上感觉左右不平衡，对于这种情况设计者可以利用色彩处理来使之达到平衡。在庭院设计中一些草本花卉的作用不可忽视，这些色彩纷呈的花卉会使庭院看起来更活泼更有生机与活力。庭园植物种类繁多，一年四季不同季节的植物呈现出各种绮丽的色彩和香味，表现出各种体形和线条，在植物色彩配置上要注意颜色深浅变化，在色彩上可渐变统一，可对比统一，也可协调统一来表现庭院植物的整体色彩美。

3. 节约型园林绿地打造

随着近几年国家的乡村振兴、美丽乡村建设等制度的出台，推进了乡村景观的发展，庭院属于乡村景观的一部分，存在更多的生态更新空间。但在庭院景观设计时，不能以严重的资源浪费为前提，而忽略当地现有的基本特性盲目的照搬照抄，设计时应劝阻这种现象肆无忌惮地发展。在对庭院景观进行设计时，应在尊重自然、因地制宜的基础上，充分考虑资源的循环利用和再利用，延续场地的生产功能，直接为家庭提供健康有机的生态农产品。

4.铺装的应用与创新

铺装是庭院景观造园中的重要部分，要兼具实用功能与装饰功能为一体，园路铺装应既能满足引导游览的功能，又可具有丰富景色、提升造景的功能。园路铺装的平面构成、装饰材料均可成为庭院景观的特色和创意部分。因此，园路铺装造景应服从于整个庭院的造景艺术，力求做到功能与艺术的统一。在庭院造景中应注重生态效益与经济效益相融合，可考虑充分利用旧石磨、旧石板、工业废渣、废弃瓷砖、废混凝土等材料重新进行铺装设计，不仅实现生态与经济共赢，还能达到不一样的视觉感触。例如，在庭院的局部园路铺装，将已废弃旧石磨、旧石板重新拼接与装饰或简单的分类组合搭配，并可用卵石在废弃的石材缝隙中穿插点缀，展现了庭院道路的质朴、艺术感，使园路更加丰富有趣，也能给业主带来了别样的美景。

5.与时俱进和可持续性发展

伴随着很多新型庭院建造材料的出现，庭院设计在平面布局、空间组织、装饰构造等方面不断创新，需要以动态发展的思维来看待庭院景观设计，在设计与建造过程中强调人性化和个性化，注重考虑业主的生理需求和心理需求。通过科学合理的庭院设计，使业主的生活和生存功能变得更加丰富，充分发挥自然优势，运用本地特有的资源优势，将其自然融入设计中，让业主体验庭院设计的自然之美，在家就能享受到自然之美。同时，为了保护环境，不断探索和寻求合理的设计方法与设计理念，满足业主需求的同时，也尽可能地减少对环境的影响，促进人与自然和谐共生。在庭院设计中，将尊重自然作为设计前提，珍惜自然环境，将局部利益纳入整体环境范畴，促进城镇和乡村的可持续发展。

三、庭院设计项目的市场前景

(一)别墅庭院景观设计现状

在我国别墅市场的私家庭院方面，开发商很多只是留一块空草地，或简单地用低矮绿篱、栅栏围合分隔，或零星随意点缀几棵树，让业主自行处理。销售期间大多无人养护，导致业主买房后看到的庭院基本上是杂草丛生，或简单一维，无景可观。别墅业主购房后就四处寻找专业公司，帮忙打造一个属于自己的个性化花园。然而，这几年房地产业和园林绿化行业的异常火爆，好的景观设计师接大单子都来不及，根本无暇顾及私家庭院这样“慢工出细活”的小任务。业主只得自己找工程队和苗木公司，可是许多别墅业主往往是管理公司的大忙人，根本耗不起这个时间和精力。愿意接单的大多为传统的园艺公司或苗圃的苗木商，只是简单地种种树、栽栽花，没有人性化、个性化的设计，还停留在传统的绿化概念上。市场上又几乎没有专业从事别墅庭院景观设计的公司。

有需求就有市场，面对口袋里揣着大叠钞票却苦于找不到行家的别墅业主，许多家装公司也开始慢慢地把触角从室内伸向了室外，招聘一两个景观设计师来从事这一业务，甚至还有一些优秀的景观设计师、建筑设计师、电气工程师，也瞄准了别墅景观设计这块颇有潜力的“处女地”，组成团队开办了几家特殊的景观设计公司。当然和传统的园艺公司相比，家装公司进军别墅景观领域，总算还有点优势。不同于园艺公司传统层面上的栽树种花，家装公司能把业主的特别需求融入设计中，将室内与室外融合。有如此优势，从事别墅庭院景观设计的家装公司自然脱颖而出，成功把园艺公司打压下去，形成了目前市场上的主流。但专业从事别墅庭院景观设计的景观设计公司还是少之甚少。

(二)别墅庭院景观设计趋势

近几年如雨后春笋般涌现的别墅楼盘，使得私家花园这个新型的景观设计市场逐步兴起。业主已经不再满足于室内的富丽堂皇，越来越多的活动安排在这块私家庭院，对环境与功能开发提出了更高的要求。因此，现在的别墅花园已不再限于简单的休闲娱乐，简单地种种树、栽栽花，而是无形中增加了花园的使用功能。有的完全把花园当作客厅使用，一切原本在客厅进行的活动、谈论、聊天、看电视等都移到了花园里，因此，依据花园的大小和自身的财力状况，业主们都希望自己的花园里有个性化的设计。由于他们讲究独一无二，不允许自己的别墅庭院被别人拷贝，从而同样户型同样面积的别墅花园，设计师往往要根据客户的喜好设计出截然不同的风格。每一个庭院在固定条件下都有一个合理的方案，所以设计师只能在个性差异中寻找灵感，对于设计师而言需要不断地面对新挑战。

(三)庭院设计的市场调研

1. 调研对象

别墅业主、别墅准业主、企业白领、商业成功人士、庭院设计从业人员、绿化养护从业人员。

2. 调研内容

业主家庭人员构成、家庭成员喜好、庭院功能定位、投资额度、设计风格要求、主要活动安排、使用功能安排、植物配置要求、园林风水需求、建筑材料要求、交际活动要求、其他家庭需要、购买意向、设计趋势动向、养护成本、养护重要事项等。

3. 调研方法

调查问卷、案例调查、现场访谈

可以通过调查问卷的方式对相关人员如业主或准业主、有意向或能力购买的对象进行调研，从各方面调查业主需求和设计意向等方面的内容；对庭院设计、施工和养护的从业人员进行访问或约谈，调查设计趋势、规范要求、施工细节和养护需求等内容；对于已建成的成功案例进行实地调查，分析设计形式和设计方法，归纳总结出相关的统计信息。

4. 调研分析报告

对调研材料进行分析统计，通过图表和文字等形式形成完整的调研结论和总结报告。

四、庭院设计项目的风险分析

(一)市场风险

行业的发展态势与中国的经济发展状况密切相关，当一个国家的整体经济繁荣时，国内各个产业都会出现繁荣发展的景象，庭院设计市场也不例外。庭院设计项目小到屋顶花园、小区一层院落或别墅庭院，都需要进行科学合理的设计建设。特别是疫情的影响，人们呆在家里的时间增多，引起对“家”更高消费的需求，阳台景观、屋顶花园设计项目有上升趋势。国家实施乡村振兴战略，乡村住宅庭院设计成为热点，必将成为庭院设计项目的重点开发领域，但是这类庭院设计受限于村屯绿化的整体项目规划和居民消费能力等因素。庭院设计市场的竞争也是相当激烈的，上规模的设计院所有雄厚的人员和资金实力，各种苗木公司和建材供应商具备相当的价格优势甚至是免费设计。其他设计单位和个人则凭借各自的资源优势各显神通、参与市场的竞争。

(二)技术风险

设计属于园林设计的范畴,基于园林学科的综合性和多样性,设计人员要具备园林、土建、构造、水电、造价、财务和营销等方面的知识和技能,在项目实施过程中更要遵循各类规范要求,才能给项目实施提供强有力的技术保障。项目的设计理念落后、设计不新颖、技术工艺陈旧,会使企业承受设计风险。随着国民生活质量的提高,人们对别墅的需求也朝着多元化的方向发展。新时期的别墅形态要在反映生活品质的同时,体现出文化素养。别墅庭院作为私有景观,在设计过程中,不能够按照传统的景观设计方式进行设计,需要进行全面的创新改革,打造出一条多角度、高效化的全新设计方式,以提高设计效率,改善设计效果,才能有效避免设计上的技术风险。

(三)营销风险

庭院设计的市场营销首先要充分认识到市场的现状和发展趋势,准确把握营销方向。对市场风险能做到精准分析并做出科学规避。对设计团队设计能力和成功案例进行大力宣传,提高业界影响力。广泛参与行业商业及学术活动,广交朋友及扩大人脉,同时也要多方开拓市场资源,做好资源储备。在营销过程中依法办事,诚信合作,谨防业务和合同中的各种欺诈行为。

(四)环境风险

这个环境是指庭院设计用地环境,包括气候、光照、水分等自然环境因子和人文环境条件,这些都影响到从设计施工到后期养护的全程效果。比如业主的需求决定设计风格和场地规划,气候条件和养护保障决定植物配置、建材选用和水电设计等。

(五)规避风险的方法

庭院设计市场存在着各种各样的风险,如何能在这个市场当中寻得商机,站稳脚跟并占有一席之地,需要做好风险分析并及时规避。准确把握市场动态,了解相关的国家和地方政策法规,不断开拓新的庭院设计市场,正确作出市场定位和及时转换。在商务交往和营销过程中依法依规诚信办事诚实做人,同时防范合同欺诈。建立人员齐全的设计团队,不断提高业务能力,健全激励制度,充分发挥团队和个人的积极性和主动性。完善技术保障。和业主全面及时沟通,对设计环境进行全方位的调查分析,选择合理的材料,以实用为主,以人为本,降低建设和养护成本,作出科学合理和可持续发展的庭院设计方案。

【他山之石】

踏实进取、终有成就

谭连创,广西环江县人,广西农业职业技术学院城市园林044班学生,2007年7月毕业后就职于南宁市花花大世界园林工程有限公司,任设计师助理,从绘图员开始逐步参与园林工程设计项目,在校学习期间对园林植物颇有研究,在公司负责设计项目中的植物配置工作,从此对园林设计特别是植物配置方面进行深入钻研,练就了过硬的专业技能。2010年做出了人生重要的选择,经过充分的市场调研和可行性分析,毅然从原工作单位辞职,走上了个人创业的道路。通过市场运作在三塘镇承租了10亩土地建立了南宁市金湾苗木场,并注册成立了南宁市上湾园林工程公司,承接苗木销售、园林项目设计、园林工程施工及园林绿地养护等业务。

谭连创在校期间担任班级劳动委员，负责班级责任地生产、公益劳动等工作的组织和协调工作，锻炼了一定的工作和沟通能力，这些都对其应对创业过程的各种问题和困难很有帮助。经过5年的拼搏和发展，公司业绩稳步提升，业务范围也不断扩大。2015年为了顺应市场发展以及业务拓展的需要，成立了湖南柏佳建筑园林有限公司广西分公司，任总经理职务，注册资金2 000万人民币。2016年成立了广西创天和生态文化产业发展有限公司，注册资金2 000万人民币，任总经理。目前两家公司的业务涉及园林规划设计、园林工程施工、农业生态建设及文化投资等众多领域，正式员工28人，公司业绩稳步发展。

实训任务二 调查创业项目市场

一、实训目的

(1)了解创业团队的组织结构和各岗位职责。

(2)学会SWOT分析。

(3)通过调查，学会评估你的企业市场。

二、创业团队及市场调查的基础理论知识

(一)创业团队组织结构和岗位职责(表2-5)

表2-5 团队组织结构和岗位职责

组织结构成员	工作内容	所需素质和技能
法人(经理)	做计划、制定目标、监督实施、协调内部关系，与外单位业务沟通交流	有组织能力、有主见、认真、果断、善于应变、容易交往
生产负责人	组织、监管生产，控制产品质量，管理工具设备，制订生产计划	了解产品、懂技术、能动手操作、善于协调关系
销售负责人	市场调研，与客户建立和保持良好关系，接订单、销售预测，制定价格，提出促销方法	认真，思路敏捷、有激情、善于沟通和谈判、守信用
产品设计研发负责人	准确把握客户需求、收集客户素材，设计产品	有艺术设计的素养，懂得使用设计软件进行设计，具有创新性思维，善于沟通
财务	出纳、收款、记账、管理现金	认真、踏实、诚实
行政管理	办公室日常的管理，找办公地点、装修、买办公家具、跟物业打交道	熟悉网络和办公软件操作，善于沟通、有谈判能力
送货员	为客户配送产品	有责任心、能吃苦、勤劳
……	……	……

(二)SWOT 分析

SWOT 是由 Strength(优势)、Weakness(劣势)、Opportunity(机会)、Threat(威胁)四个英文单词的第一个字母组合而成。

优势和劣势是分析存在于企业内部的你可以改变的因素:

优势是指你企业的长处。例如,你的产品比竞争对手的好;你的商店的位置非常有利;你的员工技术水平很高等。

劣势是指你企业的弱点。例如,你的产品比竞争对手的贵;你没有足够的资金按自己的愿望做广告;你无法像竞争对手那样提供综合性的系列服务等。

机会和威胁是你需要了解存在于企业外部的你无法施加影响的因素:

机会是指周边地区存在的对企业有利的事情。例如,你想制作的产品越来越流行;附近没有和你类似的商店;因为许多新的住宅小区正在这个地区建设,潜在顾客的数量将会上升等。

威胁是指周边地区存在的对你企业不利的事情。例如,在这个地区有生产同样产品的其他企业;原材料价格上涨将导致你出售的商品价格上升;你不知道你的产品还能流行多久等。

SWOT 分析的结果:

当你做完 SWOT 分析后,你应该能评估你的企业构思,并做出决定:

(1)坚持自己的企业构思并进行全面的可行性研究。

(2)修改原来的企业构思。

(3)完全放弃这个企业构思。

(三)市场调研

创业计划通常在创业前制定的,很多人在这个环节上主要依赖于“点子”优劣,觉得没有好的“点子”,创业肯定不能成功。殊不知,“点子”也是建立在事实分析上的。这就要求我们在制定创业计划的过程中,必须进行市场分析。

1. 顾客调研

在进行市场调研的时候,首先是接触潜在的顾客。你可以采用采访和调查的方式,去接触潜在的顾客、供应商和竞争对手,这是最有效、最快速和最可靠的办法。然后是设计调查问卷,对这些潜在的顾客提问。要将这种问卷和答案、调查的结果保存下来,以便作为实地工作的证据备查。要重视数据计量,如现有顾客数量、他们为产品或服务支付的价格、你的产品或服务给这些顾客带来的经济价值等。还要搜索顾客购买此类产品的时间周期、谁在决定是否购买、如何防范别人模仿你的产品或服务、为什么你的产品或服务对于目标市场的消费者具有应用意义等。

2. 竞争对手调研

对竞争对手进行调研,主要是分析该行业竞争的各个方面。在分销产品或服务方面,你会面临什么样的难题:是否有可能结成战略联盟?哪些可能成为你的盟友?将这些问题及其答案写成提要。

三、实训步骤

(1)创建创业团队,并明确各成员的职责分工。

(2)利用课余时间开展市场调研。

(3) SWOT 分析。

(4)通过分析,评估你的顾客和竞争对手。

四、表格填写

创业团队填写表 2-6 至表 2-9。

表 2-6　你的企业构思

序号	项目	内容
1	企业名称	
2	企业销售的产品或服务	
3	企业服务的对象	
4	企业将解决并满足顾客的下列需要	

表 2-7　对你的企业构思进行 SWOT 分析

序号	项目	内容
1	优势(S)	
2	劣势(W)	
3	机会(O)	
4	威胁(T)	

表 2-8　确定你的顾客

序号	项目	内容
1	谁将成为你的顾客	
2	年龄	
3	性别	
4	地点	
5	工资水平	
6	他们什么时候将购买你的产品或服务(每日、每周、每月、每季度、一年一次)	
7	他们愿意出多少钱买你的产品或服务	
8	他们的购买量有多大	
9	未来的市场规模和趋势	

表 2-9 确定你的竞争对手并做出优势分析

项目	我和竞争对手			
	我的产品或服务	竞争对手甲的产品或服务	竞争对手乙的产品或服务	竞争对手丙的产品或服务
价格合理性				
质量可靠性				
购买方便性				
顾客满意度				
员工技术水平				
企业知名度				
品牌信誉度				
广告有效性				
交货及时性				
地理位置优越性				
售后服务				
设备				
销售额				

五、任务评价

教师对每个小组的任务实施结果进行评价，填写评分表 2-10。

表 2-10 评分表

序号	评价项目	评分标准及分值	得分
1	你的企业构思	1. 调查内容充分 50% 2. 分析结论合理 50%	
2	企业 SWOT 分析		
3	顾客的调查分析		
4	竞争对手的调查分析		
总分			

项目三

园林行业中小型企业的创新创业项目

孔子云："言必诚信，行必忠正。"

——《孔子家语·儒行解》

学习目标

- 了解创业初期的财务管理要点，融资的渠道、技巧；
- 了解园林行业中小型企业项目的创新创业要点；
- 掌握销售成本、现金流计划和制订市场营销计划的方法；
- 感受园林人以强烈的使命感和责任感，依托特色农业发展，实现稳定就业和持续增收，推进当地农民脱贫与乡村振兴。

任务一　认知创业者必备的基础财务知识

【案例导入】

企业创办仅是创业的开始

开业时的鲜花还在绽放，仅仅坚持了 9 天，公司却要宣告"破产"。昨天下午，面对媒体镜头，舒某有种说不出的滋味。

23 岁的舒某是"陕西某科技发展有限公司"的创办人。2007 年从西安大学电子信息专业毕业，和许多大学毕业生一样，他跑过招聘会、托过家人找工作。后来虽然有一份不错的工作，但他却选择了辞职，他想在自己的专业上有所发展。

2008 年初，舒某和同学、朋友等 8 人筹资 7.8 万元，开始创办自己的公司。4 月 21 日，这家主营域名注册、网站建设开发等项目，并取得了一种环保防水手电陕西总代理的公司成立了。"把一件平凡的事做好就不平凡，把一件普通的事情做好就不普通——这是我和我们公司的宗旨。”成立当天，舒某信心十足。

公司先后招聘了20多名员工，而且大多数都是在校大学生。他们代理的产品不断拓宽市场。但是经营公司和上学完全是两码事，短短几天时间，舒某感到了压力，而且当初承诺办理公司注册手续的代理公司在拿了他1万元后杳无音讯。一时资金短缺成了这家刚刚起步公司的绊脚石。

4月29日，舒某一天没有吃饭，他拖着疲惫的身体跑学校、跑银行，但却没有贷到款。“原因很简单，理由我没有房子、汽车做抵押，也没公司做担保”。

7万多元，9天就都用光了吗？舒某认为他没有赔钱，只是钱都投入公司了。租办公室时，所有的朋友都反对，认为设计网站只要有台计算机就可以了，但舒某还是把它租了下来，并花了2 000多元买原房客的一些工艺品，又花了不少钱添置会议桌、办公桌以及二手的传真机、打印机等一大堆办公用品。开公司就得有个公司的样子吧。我也到过很多公司，都很长时间了，还不如我公司气派呢。当时还有一家知名度不高的媒体的记者鼓动舒某做广告，仍然是所有的朋友都反对，但舒某说：“觉得人家过来了，不好意思。我请他吃了肯德基，后来做了2 000元的广告。”

在这个困境中，舒某没有跑出来，而是作出了一个决定，通知媒体，召开记者招待会，宣布公司“破产”。

其实，由于注册一直没办下来，从严格意义上讲，舒某的公司还未成立便告夭折。

【案例分析】

1. 以上案例，创业者创业失败的主要因素有哪些？

____

____

2. 假设你获得足够的资金投入，该如何使用这些资金？

____

____

舒某的公司前期储备中存在不足，更为致命的是在公司成立后的管理缺失，比如财务管理不善、高支出等。导致企业失败的原因很多，包括：

①管理不善：创业者不能很好地管理企业，发现问题不能及时采取行动。管理不善是初创企业的通病，因为此时往往企业规模小、开办时间不长、管理经验尚在摸索中。

②缺乏技能和专门知识：不会管理资金、人员、机器、库存，不懂怎样与客户做生意。

③经验不全面：往往有销售经验，却没有采购经验；有财务经验，却没有生产或销售经验等。

④某些资产过多：设备和车辆以及非生产性物资过多，缺乏足够的现金维持日常的经营活动。

⑤市场营销问题：由于广告乏味、商品质量差、服务不周到以及布置陈设不吸引人，不能招来足够的顾客。

⑥赊销和现金控制不当：在没有核实顾客支付能力的情况下，允许顾客赊账购物，没有稳妥的收款策略和措施。

⑦高支出：没有严格控制如差旅、娱乐、营业场所、水电、电话通信等费用的支出。

【测试：你具备基本的理财意识吗？】

来做一些有趣的测试题，通过测试，可以从侧面了解自我成长中形成的潜在的理财意识，并用以指导我们在创业中有针对性地扬长避短。

1. 你和朋友约好碰面，当你到了相约地点后，对方打电话说晚到 30 min，你会怎么打发时间呢？

   A. 到书店看书或杂志

   B. 到咖啡店喝咖啡

   C. 到百货公司闲逛

2. 你跟好友去外地旅游，进酒店后发现当天是他们的周年庆。酒店准备了 3 种礼物，你会选择哪种呢？

   A. 下次住宿的 9 折优惠券

   B. 附近著名游乐场的免费入场券

   C. 晚餐附赠蛋糕

3. 从下面 3 项中选出你最想住的房间：

   A. 可以按自己喜好摆放家具、地方宽敞的套房

   B. 四周房屋低矮、阳光充足的房间

   C. 房间没有什么特别的，有个小阳台

4. 闲来无事的假日，你最想做哪件事打发时间？

   A. 上网打游戏

   B. 看电视或杂志

   C. 打电话找朋友聊天

5. 5 个朋友相约出游，每个人都要准备午餐，你想带哪种菜赴约（不管哪种都要准备带 5 份）？

   A. 煎蛋或油炸食品（儿童食品）

   B. 三明治

   C. 日式饭团

6. 打错电话时，你的表现是怎么样的？

   A. 再次确认“请问电话号码是……吗？”“你不是……吗？”

   B. 马上跟对方说“对不起，我打错了”，然后挂断电话

   C. 自言自语一场“啊，打错了”或者一言不发，挂断电话

7. 下列 3 种家务，不管你拿不拿手，愿不愿意，哪种是你最讨厌的？

   A. 熨衣服

   B. 打扫

   C. 做菜

8. 你正在坐地铁，车厢里有 3 个空位，你会选哪个坐下呢？

   A. 看上去很高雅的老夫妇旁边

   B. 年纪与你相仿的男生（女生）中间的那个座位

C. 可以看见帅哥(美女)的那个座位

9. 约会时,你受不了对方作出的哪种行为?

A. 接到朋友电话,讲个不停

B. 在你说话时打哈欠

C. 乱瞄其他男(女)生

10. 早上准备出门,发现钥匙不在平常的地方,你第一个想到的是哪里?

A. 昨天穿过的衣服口袋里

B. 包里

C. 看看是不是掉地上了

11. 你总随身带着一张照片,一有机会就向人展示一番,会是哪一张呢?

A. 自己可爱的艺术照

B. 旅游时拍的照片,风景宜人,配上自己灿烂的笑容

C. 跟男(女)友甜死人不偿命的合影

12. 走在路上突然下起雨来,但你必须去某地,没跟人约好,时间也不急,你会怎么办呢?

A. 先找个地方躲雨,静观其变

B. 买把伞再过去

C. 打车过去

计分:每一题中,A:1 分,B:2 分,C:3 分,将总分相加

17 分或以下:坚定,不为所动

你的理财观念非常扎实,平时就有存钱的好习惯,也很擅长省钱之道,就算收入微薄也能妥善管理,不会出现拮据状况。但你也常常发生犹豫不决、当用不用的情况,让你老有爱捡便宜货的倾向。现在你该培养当用则用、大刀阔斧的勇气啦!

18~24 分:当用则用,当省则省

你的理财观念很普通,对于游戏、打扮、喜欢的东西、必要的开支你都花得起,同时也能适度地储蓄,对省钱也颇感兴趣,是四种类型中最稳定的。可你却不擅长处理收入骤减的状况,一旦发生这种情况,你就会手足无措。

25~31 分:一旦有目标便意志坚定

你的理财观很马虎,你是不是常常疯狂购物呢?是不是根本无法掌控户头的余额呢?不过你一旦设定目标,比如要去旅游或有大笔开销时,就会马上死命存钱,日常开支也缩到最小,和先前判若两人。多多培养没目标也能储蓄的好习惯吧!

32 分或以上:理财观念等于零

你的理财观念几乎为零,你凡事不分轻重缓急,常常任意挥霍,就算钱花光了,还拼命刷卡,更别说储蓄了。劝你还是未雨绸缪,学习一下勤俭的美德吧。根本没有理财观念的你,要慎重思考自己的最佳存钱法,不妨学学控管有方的朋友。

一、创业者掌握财务知识的目的

- 筹集资金,增加资金积累,对资金进行合理分配和运用;
- 为企业经营管理作科学决策;

- 正确处理收益分配、工资及福利等关系；
- 对企业经营管理活动进行财务监督，“开源节流”，确保企业经营活动的顺利进行。

二、认识主动收入

主动收入就是我们的工作收入，只有工作时才能获得，停止工作收入就会受到影响。主动收入属于临时性收入，需要我们“用时间换金钱”，无法让你同时拥有金钱和时间。比如你有一份月薪3 000元的工作，只有当你按时去上班，每月才能够拿到薪水，如果你一旦生病、受伤或被解雇等，失去了时间交换金钱的条件，收入也将随之失去。

主动收入根据个人职位工作价值的不同，收入也不同，所以，有的人可以获得年薪千万的收入，也有人年薪不足万元。但通常的情况往往是工资越高，人越忙碌，并不能让你拥有真正的自由和保障，主动收入可能为你带来被动的人生。

三、认识被动收入

被动收入是即使你不工作也依然能够获得的收入，它是一种永久性的收入，彻底地做一次工作，然后就能够持续性地得到回报。被动收入是一种资产收入，比如你在银行有一年期定期存款100万元人民币，则无论什么时候，无论你在哪里，每年都会有3.5万元的利息(根据银行利率浮动)源源不断地存入你的账户。

被动收入能让你同时拥有金钱和时间，有钱又有闲，带给你真正的自由和保障。获取被动收入是每个人实现财务自由的一种途径，被动收入将会给你人生添彩。

经常听到有喜欢旅游的朋友感叹，以前读书的时候有时间，可是没钱去旅游，现在有钱了，却没时间出去了。你想解决时间和金钱的平衡问题吗？那么就努力去获得足够生活的被动收入吧。

被动收入的形式：利息、房产、股市、企业、投资、知识产权、网络等。

四、认识资产

资产是自然人、企业、国家拥有或控制的能以货币计量收支的经济资源。简单地说，资产就是能给你带来现金流入的或者不会把钱流出的东西。

按照资产流动性大小的不同，可将资产分为流动资产和非流动资产。

五、认识负债

负债是自然人、企业、国家承担的，能以货币计量的，将来需要以资产或劳务偿还的债务。简单地说，债务是让你的现金流出的东西。

按照负债流动性不同，可将负债分为流动负债和非流动负债。

六、认识现金流

现金流就是现金流入和流出，它是总收入减去总支出剩下的部分。现金流入同一个湖中，流入的水和流出的水的差值，如果流入的水一直多于流出的水，则湖永远不会干涸；如果流出的水多于流入的水，那过不了多久，这个湖就将消失了。

现金流分为经营活动现金流量、投资活动现金流量和筹资活动现金流量，揭示了个人和企业财富"健康"与"疾病"的奥秘。

七、财务规划

初创公司进行财务规划是个仔细活，创业者一定要静下心，仔细做功课。那么如何才能合理、真实、可信地进行财务规划？规划时需要注意哪些细节？

(一)收入的预测

预测收入很简单，主要需要我们从产品或服务的定价和量两方面进行考虑。

1. 产品或服务定价

无论你的公司是提供产品还是服务，都必须有基本定价。比如，你从事平板电脑的生产，首先，算出零配件及人工等成本，在得出的成本上加上期望的利润得出可能的定价后将你的产品与市场上的同类产品进行比较，调整价格比 iPad 便宜一些，比低价位平板电脑昂贵一些，就可以确定最终定价了。

2. 客户数量

什么时候能有第一个客户？客户人数到底有多少？对于初创企业来说，这些都是让人头痛的事情。我们仍以平板电脑公司为例，如果公司采用分销的方式进行销售，可以向分销商打听，成熟的分销商可以不花吹灰之力告诉你，他每月大约可以卖出多少个你的平板电脑；如果采用直销方式，你就需要额外考虑广告的投放，比如，你在《潮流电子》杂志上刊登广告，该杂志的发行量是 10 万份，一般的广告有效率是 2‰～3‰，那么，每期杂志最多可为你带来 100 000×3‰＝300 个客户。

3. 时间

有了产品定价和客户数量的规划后，我们还需要考虑规划的时间。初创企业的财务规划必须要用"月"来计算，"怀胎十月""满月""周岁""进钱""打平""产生利润"……这些都是创业公司里程碑的宝贵时刻。

一旦把数字化整为零"按月"来计算，无论收入还是支出预测，数字都会立刻让你对财务状况比较有感觉和把握了，比如你需要用 3 个月时间设计和开发产品，3 个月时间进行测试，改进和量产，然后正式投入市场。所以公司能够获得收入最早也是在第 7 个月，分销商还有 90 天账期的话，钱就要到第 10 个月才能到账；接下来是第 11 个月收入应该有所增长，再下个月，继续增长。按月来做财务规划，要比按年精准很多，因为 30 天以内能做多少事情，还是比较容易测算出来的，而如果按"年"来算，往往只能信口开河地报数字。使用按月做出来的财务预测对照和指导你每个月的日常运营，如果每个月都能达到预测的数字，到了年底，完成整年计划就不在话下了。

(二)成本

计算成本时需要考虑固定成本、可变成本、销售成本等。

(1)固定成本　包括人员工资、房租、保险、职工福利费、办公费等。

(2)可变成本　包括原材料、包装。

(3)销售成本　包括广告、销售、客户服务的成本。

(4)设备投入。

(5)税务：依法纳税是公民和企业应尽的义务，与企业和企业主有关的税种一般有增值税、营业税、企业所得税、个人所得税、城市维护建设税、教育费附加等。

(三)分析和调整

当你把每个月的收入预算和成本预测对应放入一个时间框架中，就出现一幅美妙的公司命脉图：现金流。

【案例导入】

何先生如何通过编制现金流量表确定需筹现金

何先生需要为自己的企业筹集一笔现金，但是需要筹集多少呢？何先生预计了一下企业1—6月的现金流入和流出情况：

何先生预计公司前两个月每月能实现现金销售5 000元，3月份可以增加销售3 000元，以后每月比上月增加2 000元；2月份和5月份每月收回应收款1 000元，以后每月将比上月增加1 000元；公司每月房租需要3 000元；目前有两名员工，每人每月工资合计4 000元；1月份办公用品支出2 000元，2、3月份比上月增加1 000元，以后每月与3月份相同。

表3-1 现金流量预算表 单位：千元

项目	时间					
	1月	2月	3月	4月	5月	6月
期初余额	0	−4	−8	−10	−9	−5
现金销售	5	5	8	10	12	14
收回应收款	—	1	1	2	3	4
现金流入量合计	5	6	9	12	15	18
租金	3	3	3	3	3	3
工资	4	4	4	4	4	4
办公用品	2	3	4	4	4	4
现金流出量	9	10	11	11	11	11
期末余额	−4	−8	−10	−9	−5	2
净现金流量	−4	−4	−2	1	4	7

根据企业前6个月的现金流量预测可知，3月份的期末余额为−1万元。因此，何先生至少应筹集现金1万元，如果考虑最佳现金持有量，何先生需要筹集的资金应在1万元的基础上加上最佳现金持有量。

总结：初次创业者在任何时候都要保证创业公司账面上有不少于6个月的现金储备，创业公司只要账上还有钱，有现金在继续流动，就能够生存下去；一般来说，企业完成一轮融资，通常需要6个月时间，创业公司需要有足够的现金储备，让公司能坚持到投资人的钱进来的那一天。

提示语：

“现金流”是创业公司的命脉！

八、创业融资的渠道

资金是创业企业必备的要素之一，由于创业初期风险相对较大，企业资产相对较少，因此，寻求资金来源是创业者所必须考虑的一个重要因素。寻求资金就是从别人那里拿到钱，即融资。从筹集资金的来源的角度看，筹资渠道可以分为企业的内部渠道和外部渠道。初创企业融资的渠道主要有以下 7 种。

(1)银行贷款　向银行贷款是我国目前各类企业最重要的资金来源。我国银行分为商业银行和政策性银行两种。商业银行是以营利为目的，从事信贷资金投放的金融机构，主要为企业提供各种商业贷款；政策性银行是为特定企业提供政策性贷款。比较适合创业者的银行贷款方式主要有抵押贷款和担保贷款两种，目前各地推出创业小额贷款，创业者在融资过程中应多跑几家银行，多了解一下有关贷款的政策和利率。

(2)政策性资金　这是一类根据国家或者地方有关政策而得到无偿或者优惠的扶持创业的资金。如许多城市建立了高科技园区，为有发展前途的高科技人才提供免费的创业场地和基础扶持。科技部、财政部联合发布设立用于支持科技型中小企业技术创新项目的专项基金，如果创业者的项目符合要求，就要尽可能地争取。

(3)自我积累　很多成功的创业者都是依靠最初给别人打工赚来的第一桶金和宝贵的职业经验，形成自我积累。

(4)亲情资金　你的父母、亲戚、朋友是你的第一支持者，也是你最容易获得资金支持的渠道。

(5)风险投资：主要是指向初创企业提供资金支持并取得该公司股份的一种融资方式。风险投资是私人股权投资的一种形式。风险投资公司为一类专业的投资公司，由一群具有科技及财务相关知识与经验的人所组合而成的，经由直接投资获取投资公司股权的方式，提供资金给需要资金者(被投资公司)。

(6)境外资金　主要是指国外投资者及我国港澳台地区投资者投入的资金，是我国外商投资企业和境内外资企业的重要资金来源。

(7)天使投资　是权益资本投资的一种形式，是指富有的个人出资协助具有专门技术或独特概念的原创项目或小型初创企业，进行一次性的前期投资。它是风险投资的一种形式，根据天使投资人的投资数量以及对被投资企业可能提供的综合资源进行投资。

任务二　分析休闲农业创业项目

休闲农业是以农业为基础，以农民、合作组织、企业等为主体，依托农村自然环境、田园景观、农业生产、农耕与民俗文化、农业设施、农家生活等资源，通过科学规划、合理定位、功能整合进行产业开发，为社会提供休闲观光、风情感受、文化欣赏、农事体验、科普教育、健身娱乐等服务与相关产品的新型产业，具有生产、生活、生态“三生一体”和一、二、三产业功能特性的新型产业形态。在休闲农业这个领域，不乏风景园林行业企业参与规划设计和投资经营。

截至2014年底，全国各类休闲农业经营主体已经超过180万家，其中“农家乐”超过150万家，规模以上休闲农业经营主体超过4万家，年接待游客9亿人次，营业收入2 700亿元，带动2 900万农民受益，接待人数和经营收入均保持年均15%以上的增速。这表明，我国休闲农业已经成为农村经济新的增长点，休闲农业与乡村旅游的快速发展为建设现代农业注入了新的活力，成为现代旅游业的重要组成部分，成为我国国民经济的重要新型产业。

经过长期发展，休闲农业已由最初农民经营的“住农家屋、吃农家饭、干农家活、享农家乐”的初级形态向企业开发、经营转变，各地注重开发乡村民族、农耕、民俗、生态等文化资源，不断深入休闲、观光、娱乐、养生、健身、教育和回归自然的内容，使休闲农业向高品位、高层次、多功能方向快速发展，呈现出多元复合型发展态势。布局优化、类型丰富、功能完善、特色明显的格局基本形成；社会效益明显提高，从业农民收入、发展质量、服务水平有较大提升，成为拓展农业、繁荣农村、富裕农民的新兴支柱产业。

一、休闲农业的功能

（一）休闲农业的经济功能

所谓经济功能，主要是指提供优质、卫生、无公害的鲜活产品以满足都市消费需求，通过提供新鲜、卫生、安全的蔬菜、花卉、果品，实现农副产品出口创汇，提高农产品的经济效益，实现农业增产增值，优化产业结构，增加就业机会，提高农民收入，使休闲农业通过适应现代消费来创造城乡经济新的增长点。经济功能主要表现在以下几方面：

1. 生产功能

休闲农业为市场生产和提供更多的名特优、鲜活嫩的农副产品以满足不同层次的物质消费需要。休闲农业的发展就是要以农业生产为本，以种养产业为核心，重视现有设施栽培、生态养殖、立体种养、种养加工一体化和有机农业等高效生态农业模式的功能拓展，通过农业基础设施、基本装备等与休闲观光功能的结合，推进传统农业的升华和农业现代化建设，积极引进适合休闲农业发展的特种蔬菜品种和水果、花卉及其他观赏植物，重视引进先进的农业种植模式和栽培技术，提高科技含量。

2. 产业集聚功能

产业集聚作为一种新的产业空间组织形式，不仅存在于工业领域，而且同样存在农业领域。产业集聚是具有共同社会背景的人们和企业在一定自然地域上形成的社会地域生产综合体。休闲农业产业集聚可以实现小农经济与规模经济的结合，通过区域公共资源共享、产业联动、降低交易成本、品牌创新等方式，实现规模经济发展。

休闲农业以农业为基础，围绕农业、农村的发展，推进农、游复合经营，促进一、二、三产业融合协调发展，实现农业与农村长期稳定增收的跨部门、跨行业、跨产业、跨区域，具有规模集聚效应的综合性产业。

休闲农业是一种综合性很强的产业，休闲农业将旅游景点、农业产业基地、农村民俗文化紧密结合，构建起农、游产业发展特色村、产业带，延长了休闲农业产业链、就业链和价值链，促进了农业的专业化、标准化、规模化和市场化，辐射和带动贮藏、加工、包装、运输、餐饮、娱乐、商业贸易等相关产业的发展。

(二)休闲农业的社会功能

所谓社会功能,主要是指休闲农业为城市居民提供了接触自然、体验农业以及观光、休闲的场所与机会,有利于增强现代农业的文化内涵与教育功能,扩大休闲农业的示范与辐射作用,从而改善城乡关系,促进城市与人类的可持续发展,达到改善和提高整个社会的福利水平的目的。社会功能主要表现在以下几方面:

1.就业增收功能

受人均耕地少、劳动集约化程度相对较高等因素的影响,在今后相当长的时期内,我国农业进一步保障农村劳动力就业的机会不会大幅下降,农村广袤的土地仍将是广大农村劳动力的主要就业场所。由于农业容纳隐性失业的能力很大,大量兼业型农户的存在可以缓冲由非农产业发展的波动引发的就业问题。休闲农业起着社会劳动力蓄水池和稳定减震器的作用,通过开发利用农业多种资源,发展休闲农业及相关产业,挖掘农业生产多领域、多环节的发展潜力,对促进社会的稳定发展、增加城乡居民就业渠道、增加农民收入和全面协调发展都有着重要作用。

休闲农业除直接促进农业发展之外,还可以带动交通、运输、餐饮、邮电、商业以及纪念品生产等相关行业的发展,从而达到带动农村经济振兴、扩大农村剩余劳动力就业和增加农民收入的目的。休闲农业扩大了农业经营范围和经营规模,改善了农业生产结构,增加了农民收入。休闲农业区将农产品直接销售给消费者,解决了部分农产品运销层次多的问题,降低了运销成本,增加了农民收入。

2.休闲观光功能

休闲观光功能是指农业能够为社会、公众提供接触自然、体验农作物生长以及休闲、观光与游憩的场所和机会,并有利于增强现代农业文化内涵的功能。在现代社会,旅游已逐渐成为人们生活方式的一部分。收入相对较高的城市人久居高楼大厦之中,对农业与乡村旅游市场的需求旺盛,发展潜力巨大。随着社会经济的发展,人们的旅游观念和消费方式正在发生变化,在旅游活动中人们更加注重亲身的体验和参与,更加注重对环境的要求,到秀美田园和清新自然环境中陶冶情操、修身养性的愿望越来越强,走进自然、亲近自然、享受自然的人越来越多。这种需求为休闲农业提供了巨大的市场空间。

通过发展休闲农业,可以为都市居民和国内外游客提供清洁优美的乡村环境以及民俗旅游资源,提供休闲活动空间,增加减轻工作及生活压力的新渠道,达到舒畅身心、强健体魄的目的。可以通过发展农耕体验、休闲采摘等旅游项目,让游客体验农耕和丰收的喜悦、采摘和垂钓的乐趣、品尝无公害食品的快乐,在参观游览体验中得到回归自然的放松,达到休闲放松的目的。可以通过先进的现代科技的宣传、推广,向人们展示现代农业的风采,体验现代农业的乐趣。依托自然优美的乡野风景、舒适怡人的绿色空间、健康发展的环境生态,让游客回归自然,尽享生态自然之美、农家风情之乐。以绿色、生态、自然的农业产业带为载体,为游客提供休闲赏景、采摘游玩等项目,让游客领略到大自然情趣,凭借独有的地域特色和资源优势为人们提供垂钓、捕捞、加工等休闲项目,让游客品尝原汁原味的农家菜,体验淳厚的农家风情。

我国历史悠久、幅员辽阔,各地的乡村都有丰富的民风、民俗、民宅等乡村旅游资源。通过对这些资源的深入挖掘,可以提高人们休闲生活的质量,提高乡村居民的经营收益。

3. 文化传承功能

农耕文化是凝聚着几千年人类智慧的文化遗产，经过市场运作可带来巨大的经济效益。

农业与农村是传统农耕文化的主要载体，乡野大地在生产棉、麻、粮、豆的同时衍生了田园风光，农家的饮食起居演绎着农耕文化。人具有亲近自然环境的本能，也具有寻根溯源的期望。优美的自然环境可以抚慰人的心灵，回故乡寻根溯源可以了却人们长久的期盼。城市的繁华和经济发达在一定程度上割裂了人与乡土文化的天然联系。因此，通过发展休闲农业，向市民提供与农村、农耕、农民接触的机会，为人们了解自然、了解社会、了解农村传统文化创造条件。人们通过亲自体验农业活动，能够加深对农业中特有的风俗、文明的理解，使农业文明得以传承和发展，促进城乡文化交流，培养对大自然及科学的热爱之情，在回归自然中获得一种全新的生活乐趣，这正是农业的多功能的良好体现。

以休闲农业为载体，可使农村特有的生活文化、产业文化及许多民俗文化等得以发展和继承，并创造出具有特殊风格的农村文化。由于传统农耕文明、文化和休闲娱乐思想以及习惯的凝聚力和我国文化的延续性，我国传统的民间娱乐活动具备很强的历史延续性和文化展示性。传统文化融入新农村建设，赋予了新的含义，使得农业农村优秀文化得到传承和发展。

休闲农业的社会学意义在于它能带动乡村社区建设和改善农民的生活质量。发展休闲农业的构想与规划对于加快乡村和谐建设有着不可低估的作用。因为单纯以生产性功能为出发点来考虑农业的发展，往往容易片面追求产量，而忽视对自然环境和人文环境的保护；而从现代农业的多种功能来综合考虑农业发展问题，就必然会重视乡村环境的改善与优秀文化的传承。

4. 示范辐射功能

休闲农业，尤其是科技园区型农业作为一种特殊形态的新兴产业，大都处在物质资源丰富、城市人口资源众多、国际国内交往频繁、辐射功能强的大城市周边，凭借大城市雄厚的经济实力、科技基础和人才优势，农业科技园区在农业设施装备、农业高科技开发应用、农业生产力水平等方面，将率先接近或达到国际先进水平，为推进全国实现农业现代化提供经验，起到示范辐射作用，因而具有显著的示范、展示、辐射与带动作用。

在此基础上，发展休闲农业有利于缩小城乡差别，促进农村经济社会的协调发展，推进新农村建设，增加农民与城市居民之间的交流与沟通，提高农民的素质和生活品质，为促进农村社会的进步和城乡的共同繁荣与发展起到引领作用。

5. 教育功能

主要体现在休闲农业利用农园中所栽植的作物、饲养的动物、水耕设施、栽培技术、传统农具等向人们提供知识服务，使人们更好地认识农业，了解农村动、植物生长，体验农村生活，认识农村文化及生态环境。在农业科技示范、生态农业示范中，教育参与者珍惜农业、农村的自然生态资源、自然文化资源，激起人们热爱劳动、热爱生活、热爱大自然的兴趣，增加人们保护自然、保护文化遗产、保护环境的自觉性。

休闲农业按照多功能的思想建立农、林、牧、渔、土地综合利用的新的农业模式，强化生产过程的生态性、科学性，通过开发具有观赏价值的作物品种与园地，向游客展示农业最新成果。如引进优质蔬菜、绿色食品、高产瓜果、观赏花卉，组建多姿多趣的农业休闲园、农业教育园、农俗园等。一方面使对农业陌生的城市游客了解农业生产，熟悉农耕文化、农村习俗；另一方面，也可以使游客进一步融入大自然，从而树立起爱护大自然、爱护我们依存的生态环境的环保意识。同时，新型的农业休闲园、教育园为科研、教学单位提供科研实验基地以及国际合作研究基地，既有利于及时、准确地把握科技动态和成果的直接转化、运用与推广，又培养了本地人才。此外，休闲农业园区还可面向社会各阶层，开展不同层次、不同形式的农业教育、生态教育、农业史教育以及精神文明教育等。

6. 养生功能

休闲农业向人们提供了一个洁净、清新、舒适、健康的休闲活动场所，有益于缓解人们的工作与生活压力，陶冶人们的性情，起到舒畅身心的作用。休闲农业向人们提供了一个自然的绿色生态环境，可以调理人们的身体，促进身体健康。人们可以呼吸新鲜空气，享受绿色与天然食品。休闲农业为人们提供了良好的旅游和体育运动环境，提高了人们的健康水平。通过休闲农业，使人们达到了养身、养心、养眼的目的。

7. 媒介功能

休闲农业可以称为农业经济与农村社会事业发展的窗口，它有利于扩大发展农业与农村的社会影响，增强政府和社会对农业与农村的关注，带动其他产业发展。

8. 融资功能

休闲农业作为一种新兴产业，产生了显著的经济与社会效益，在发展过程中吸引社会与企业资金注入，同时先进的管理理念与方式，促进了休闲农业快速发展与升级换代。

(三)休闲农业的生态功能

休闲农业的生态功能主要是指发挥农业洁、净、美、绿的特色，营造优美宜人的生态景观，改善自然环境，维护生态平衡，提高生活环境质量，充当都市的绿化隔离带，防治城市环境污染以保持清新、宁静的生活环境，并有利于防止城市过度扩张的功能，在发展中坚持开发与保护并重，合理开发、利用资源，使生态、生产和市场相融合，使自然景观、人文景观与农业园林景观得以和谐统一，生态环境保持良好状态。生态功能主要表现在以下几个方面：

1. 保护生态功能

休闲农业通过在农村利用优良的自然与生态资源建设休闲景点，建立起人与自然、城市与农村高度统一和谐的生态环境，以广阔的农田、茂密的山林、纯净的水质和空气为休闲农业发展前提，为城乡居民创造一个优美的游居环境，减轻了“水泥丛林”和“柏油沙漠”对城市人带来的烦躁与不安，起到“城市之肺”的作用，成为“城市氧吧”，为城市吸尘、降温、净气，提高了市民的生活质量。同时休闲农业依据市场规律，倡导自然形态的农、林、牧、副、渔综合发展，多种作物实行轮作，符合循环型经济发展规律。

2. 景观审美功能

农业景观是人类所创造的面积最大的一种生态文化景观，在当代，农业景观的审美价值已经和它的实用价值取得了几乎同等的地位。休闲农业景观的审美价值是多方面的：一方面为形式美，不同地域的农业景观形成了不同的地域文化色彩，并产生了各异的美学体验。休闲农业景观最直接的审美感受应该由它的形式美表现出来，不同种类的农田在不同的季节里形成的色彩、肌理、线条、尺度等，其形式美感，在不经意间变得明显起来。一些农业景观，特别是山地、丘陵的梯田农业景观，放眼看去层次丰富，是人与自然结合的精妙之作，成为休闲农业的主要背景与内容。农业景观的形式美,震撼着每一个只要能够见到它并欣赏它的人。另一方面为表现美。休闲农业的形式美表现了农业景观最直接的审美感受,而表现美则赋予了其功能性、生产性和可持续性。对农业景观的审美体验,在很大程度上基于农业用地的生产性。具有生产能力,是这种土地利用能够使人产生美感的前提。它给人类提供了衣食之源,作为产出性的土地养育了它的创造和使用者,使人们对它产生深厚的感情甚至依恋。农业景观审美价值的本质是通过获取食物而产生的。它的富饶、肥沃带来的可以获得食物的信息是这种生产性审美价值最本源的部分。基于农业的生产性和可持续性共同铸成的特色和氛围,则形成了农业景观的地方个性和地理个性。休闲农业的景观应体现形式美与表现美和谐统一,成为生产、生活、生态三者有机的结合体。休闲农业景观的形式美与表现美的和谐统一应是新农村建设的审美重点。

3.保护农业生物多样性

生物多样性是指一定空间范围内各种有机体(植物、动物、微生物)的总合。农业生物多样性有 4 个层次,即作物品种遗传多样性(种内多样性)、物种多样性(包括半家化栽培种、栽培种和受到管理的野生种)、农业生态系统多样性和农地景观多样性。迄今的研究结果表明,人工生态系统中生物多样性在一定范围内与系统生产力呈正相关,"共生"是在资源有限的条件下谋求发展的最佳途径。

高产、稳产、可持续发展是农业生态系统追求的终极目标。依据经济学外部价格内化原则,任何事物的市场价格都应该包括现在和未来对环境造成的污染,使环境遭受破坏和对社会产生其他有害影响而产生的损失。休闲农业的可持续性依赖于生物多样性共同和协调发展,在一定程度上避免了对休闲农业的基础——农业、农村破坏性建设。

休闲农业的发展,开发利用并保存了具重要价值的植物种类,形成了具有多物种、多品种的特殊人工生态系统,发挥了农业生物多样性的生态服务功能。通过发展休闲农业,农业生产方式的多样性、农民生活方式的多样性、农民传统文化的多样性得以保留,发挥了农业生物多样性的社会服务功能。农业生物多样性也为休闲农业的多元化、优质化、个性化发展奠定了基础,增强了人类对自然的了解和利用。

总之,休闲农业给人类提供了新的生存与发展空间,它的功能还在不断扩展和延伸,在不同国家、不同的地区、不同的阶段,人们对休闲农业的功能有不同的认识和利用,但其本质内容大多是一致的,即追求生态、经济与社会效益高度统一。

二、休闲农业发展现状

(一)我国休闲农业发展现状及特点

2015 年,我国人均 GDP 约 8 000 美元,城乡居民的生活方式和消费结构正在发生新的重大阶段性变化。其中,个性化、体验化、高端化日益成为农产品消费需求增长的重点;对新型流通配送、食物供给社会化、休闲农业和乡村旅游等服务消费不断扩大,均为推进农产品加工业和产业融合创造了巨大的发展空间。

1.休闲农业的产业规模迅速壮大

伴随着工业化和城镇化进程的加快,各省休闲农业快速发展。据不完全统计,截至 2014

年年底，全国各类休闲农业经营主体已经超过180万家，其中“农家乐”超过150万家，规模以上休闲农业经营主体超过4万家，年接待游客9亿人次，营业收入2 700亿元，带动2 900万农民受益，接待人数和经营收入均保持年均15%以上的增速。这表明，我国休闲农业已经成为农村经济新的增长点，休闲农业与乡村旅游的快速发展为建设现代农业注入了新的活力，成为现代旅游业的重要组成部分，成为我国国民经济的重要新型产业。

2.休闲农业的空间分布从城市和旅游景点周边向城郊、山区等全方位发展

休闲农业开始阶段都是分布在大城市周边地区，而现在已从大城市向中、小城市发展。在大城市，也从近郊区向中、远郊区发展，从而形成了休闲农业分布的新格局。一般而言，以城市为中心，城市周边10～50 km范围，为观光、采摘、科技、教育、餐饮休闲圈；城市周边50～100 km范围，为观光、休闲、体验、住宿休闲圈。

3.休闲农业的经营主体由农户向主体多元化发展

过去以农户经营为主，大家称为农家乐。现在随着社会资本的参与，逐步向以股份制公司、农民专业合作社、专业酒店托管等多元化投资主体转变。

4.休闲农业的产业依托从景区向农业产业发展

过去一些旅游景区主要是从自己本身考虑发展，现在一些旅游景区延伸到农村，实行旅游景区开发与农村经济发展相结合，在自己发展的同时，通过多种方式积极引导村民参与服务业，发展农业和休闲农业，走休闲脱贫致富的道路。

5.休闲农业的功能从单一观光型农业向休闲、教育、体验型农业发展

过去休闲农业多是以农业观光和农家乐为主，功能单一，层次较低，现在休闲农业还开发乡村的民俗文化、农耕文化、生态文化资源，增加了休闲、娱乐、养生、健身和回归自然的内容，从而使休闲农业向高品位、高层次、多功能方向发展。

6.休闲农业的管理从自发性发展逐步向规范化发展

过去，休闲农业很多是自发性的发展，近年来各地都重视规范化管理，制定了休闲农业的评定标准。依据标准定期进行评估，评出星级休闲农业示范区(点)，使休闲农业逐步走向规范化和专业化。

(二)我国休闲农业发展存在问题

1.市场规划缺乏合理性

当前国内各个地区的“农家乐”旅游项目大多是由一家一户进行单一化经营，无论是经营方式还是内容都存在同质化的问题，经营的产品也都大同小异，行业内部无序竞争情况明显。同时，很多地方政府在进行休闲农业开发时存在一定盲目性，不注重整体格局布置，导致农业经营的基础性地位被忽视，这也就是同地区休闲农业项目重复率高的重要原因。另外，还有的农业观光园仅仅通过赚取旅游门票收入勉强维持经营。

2.缺乏足够的资金投入，从业人员观念有待转变

就目前休闲农业发展现状而言，主要是经济发达地区发展状况较好。而在一些偏远地区，由于经济发展状况不佳，导致缺乏足够的资金投入，开发起来往往会遇到重重困难。同时，大多数农民由于自身受教育程度低，知识和能力都比较有限，难以担当大任。这也就是为什么当地休闲农业发展滞后的原因，在管理方式上过于粗放，接待服务水平也亟须提高。

3. 地方民俗文化未能得到显现

不少地方在进行休闲农业项目开发时，不注重显现当地特有的民俗文化，而是大肆渲染城市化，盲目地追求非自然技术手段，使得当地原有生态系统平衡因此被打破，这就导致了游客来游玩时，只能感受到令人厌倦的都市喧嚣，丝毫体会不到农家田园味道。这对休闲农业的发展是极其不利的。

4. 宣传推广不到位

由于当前休闲农业都是由农户独立经营，缺乏足够的资金投入，加上自身管理水平偏低，同时不注重宣传推广或者所做的宣传推广工作不到位，自身品牌意识薄弱，导致休闲农业发展长期处于相互分散的状态，更别提能够形成规模经济，发挥不了品牌效益。正是因为这样，导致休闲农业还不能有效拉动区域经济发展。

(三)广西休闲农业发展现状及特点

近年来，广西各级农业部门认真贯彻落实农业农村部和自治区党委、政府的决策部署，通过加大品牌培育、强化公共服务、加强宣传推介、促进产业融合等措施，着力打造城乡居民望山看水忆乡愁的好去处，有力地引导和推动了休闲农业产业的持续健康发展。休闲农业已成为广西农业产业新业态，成为农民增收和农村经济的新增长点，成为促进农业供给侧结构性改革的新途径。

1. 广西休闲农业发展现状

(1)产业规模增长迅速　据统计，至 2015 年年底，建立农家乐 3 300 多个，乡村旅游点 900 多个，休闲农业园 520 个，年接待游客 4 400 多万人次，产业总收入 150 多亿元；据统计，至 2016 年年底，广西建立农家乐近 4 000 个，乡村旅游点 1 100 多个，规模休闲农业园 630 多个，年接待游客 5 280 多万人次，产业总收入近 190 亿元；据不完全统计，至 2017 年 9 月，全区建立农家乐近 4 600 多个，乡村旅游点 1 350 多个，规模休闲农业园 730 多个，2017 年上半年接待游客 3 200 多万人次，产业总收入近 120 亿元，年均增长率超过 20%。示范创建方面，全区累计创建国家级休闲农业与乡村旅游示范县 11 个、示范点 22 个、中国美丽休闲乡村 18 个、中国美丽田园 8 个、“全国休闲农业星级企业”69 家、广西休闲农业与乡村旅游示范点 113 个。

(2)产业类型丰富多样　全区各地根据自然特色、区位优势、文化底蕴、生态环境、经济发展水平和消费习惯，在发展农家乐、民俗村、休闲农园、休闲农庄等形式基础上，不断创新产业类型，鼓励开发乡村酒店、特色民宿、户外运动等休闲度假产品，拓展休闲农业的经济、社会、文化和生态等功能，激活了一片区域、兴起了一批产业、带富了一批百姓、建成了一方乐园；一些休闲农业旅游区引进了民族风情表演、民族美食、民族农耕文化、民族建筑文化等当地有特色的民族文化，丰富了休闲农业旅游区的文化内涵；地方农事节庆和旅游节庆异彩纷呈，中国·隆安“那”(稻作)文化旅游节、恭城月柿文化旅游节、横县中国国际茉莉花文化节、灵山荔枝文化节、贵港覃塘荷花节、昭平茶王节、武宣金葵花旅游节等节庆吸引了大量游客前往，成为广西休闲农业靓丽的风景线。

(3)品牌培育提档升级　近年来，广西农业部门积极组织参与全国休闲农业与乡村旅游示范创建、中国美丽休闲乡村和中国美丽田园推介等系列活动，树标杆、育品牌、引领产业新发展。同时，广西农业农村厅组织开展全区休闲农业与乡村旅游示范创建活动，收到了良好成效。比如:桂林市通过示范带动作用,先后有6个县获得“全国休闲农业与乡村旅游示范县”称号。玉林市容县全面深入推进特色农业、乡村旅游等优势资源的开发建设,逐渐完善各项基础设施,不断增强发展后劲,全县现有休闲农业和乡村旅游点118个,形成沙田柚之旅、亲子田园采摘之旅、现代休闲农业之旅、容州兰花之旅、中医药养生休闲之旅等12条精品旅游线路,近三年年均增长32%,被授予“全国休闲农业与乡村旅游示范县”称号。

(4)发展方式逐步转变　经过近几年的快速发展,广西休闲农业结构不断优化,功能日益拓展。休闲农业的发展方式逐步从农民自发发展向各级政府规划引导转变,经营规模逐步从零星分布、分散经营向集群分布、集约经营转变,功能定位逐步从单一功能向休闲、教育、体验等多产业一体化经营转变,空间布局逐步从城市郊区和景区周边向更多的适宜发展区域转变,经营主体逐步从以农户经营为主向农民合作组织和社会资本共同投资经营发展转变。比如:南宁市美丽南方、金穗生态园、玉林市五彩田园等示范区都实现了规模化、多功能、多产业一体化经营。

(5)产业扶贫成效明显　近年来,广西各级农业部门着力培育农业产业品牌,挖掘农耕文化,指导贫困地区发展生态休闲产业,助推脱贫成效明显。柳江百朋万亩双季莲藕休闲农业基地、万亩鲁比葡萄休闲基地、荔浦砂糖橘休闲园区、忻城薰衣草庄园等拉动了近万群众脱贫致富,河池南丹歌娅思谷景区采取“公司+合作社+基地+农户”的模式,年支付劳务费1 000多万元,为社区及周边群众创造就业岗位192个,共有贫困户139户569人从中获利,其中103户443人实现脱贫。

2.主要做法

(1)立足顶层设计,努力创设优良的产业发展环境　自治区党委、政府坚持把“三农”工作摆在重中之重,通过“美丽广西·宜居乡村”系列建设活动和城乡环境综合整治,全面推进村屯道路硬化、村屯环境绿化、农村饮水净化、主要干道亮化、门前屋后美化、公共设施实用化、产业发展特色化、农村发展城市化,建设生态优美的宜居宜业宜人农村,为推动休闲农业产业发展提供了良好的条件。近年来,自治区党委、政府高度重视休闲农业和乡村旅游的发展,2016年、2017年连续召开休闲农业产业推进大会,这为各地积极拓展农业多种功能,促进农村一二三产业融合发展指明了方向。自治区党委办公厅、自治区人民政府办公厅印发的《“产业富民”专项活动工作指南》,将“农旅结合休闲农业进村行动”列入自治区“十项进村行动”之一,作为促进农村产业转型升级和提质增效的重要手段全面推进。2017年,经自治区人民政府同意,广西农业农村厅联合发改委、旅游局等16部门印发《关于加快发展休闲农业的指导意见》,进一步优化政策措施,加快推进全区休闲农业产业发展。同时,广西农业部门加大投入,仅2017年投入1 000多万元专项资金,支持各地休闲农业产业提升,创设优良的发展环境。

(2)依托示范园区,着力打造休闲农业发展载体　2014年,广西壮族自治区党委、政府做出创建“广西现代特色农业(核心)示范区”的决策,把示范区建设作为广西全面深化农村改革、加快发展现代农业的有效载体和有力抓手。从2015年开始,全区的涉农县(区)都启动建设现代特色农业示范区,逐步实现每个涉农县(区)都建有1个自治区级或市级示范区,通过典型引路、以点带面,形成产村互动、农旅融合、生态产业化、产业生态化的广西现代特色农业发展新格局。到目前为止,全区启动创建的各级现代农业示范区共1 744个,其中80%以上的园区设计规划了休闲观光设施,并有1/3以上园区将休闲旅游作为主要产业功能之一。现代特色农业示范区的建设，有力推动了美丽乡村建设，产业与乡村互动，促进农业园区从农业生产向科普、教育、休闲、观光、度假等功能发展，逐渐成为发展休闲农业的重要载体，为广西休闲农业产业发展奠定了坚实的基础。南宁市力度最大，围绕首府南宁都市休闲农业示范区建设，在2017年、2018年，每年安排4 200万元共8 400万元专项资金在现代农业示范区的基础上进行提档升级，每年支持15个现代农业示范区创建休闲农业示范区，到2019年建成30个产业特色明显、休闲功能完善、拉动增收大、示范带动强的休闲农业旅游园区。

(3)加强宣传推介，全面塑造休闲农业整体形象　一是制作专题片打造产业形象。今年，广西农业农村厅制作了广西休闲农业视频宣传片，在广西电视台、广西农业信息网、农业农村厅官方微信以及自治区组织的农业投资合作洽谈会、农交会、农业论坛等推介宣传广西农业休闲的好去处；二是制作电子导览图推介。完成的广西休闲农业电子导览图和纸质导览图，以现代技术手段展示广西休闲农业与乡村旅游精品，向区内外提供全区休闲农业景点景区、特色农家餐饮和交通信息等资讯服务；三是加强媒体宣传。按照时间节点和活动主题，依托农业展、旅游展、互联网、移动终端、微信微博等宣传平台，强化宣传推介与示范推广，仅2017年上半年累计在农民日报、广西日报、广西农业信息网休闲农业频道和广西农业微信公众号上发送休闲农业相关宣传报道超过90篇，有效扩大广西休闲农业与乡村旅游精品景点和线路的知名度和吸引力，提升行业经济效益和社会效益。

(4)提升人才素质，切实推进休闲农业的人才队伍建设　广西农业部门分层次、有计划地开设休闲农业产业专题培训班，手把手、面对面地帮助干部和群众提高发展休闲农业产业的能力，尤其是开展与旅游扶贫产业相适应的贫困地区农民实用技术培训和贫困村劳动力就业培训，通过承包培训、农家课堂等多种方式，培训符合当地旅游发展要求的劳动力人才，提高贫困家庭劳动力的转移就业和创业能力。

三、休闲农业发展政策环境

(一)国家层面

中共中央在每年发布以农业、农村和农民为主题的中央一号文件，对农村改革和农业发展作出具体部署。最初在2015年中央1号文件《关于加大改革创新力度加快农业现代化建设的若干意见》指出，推进农村一二三产业融合发展。积极开发农业多种功能，挖掘乡村生态休闲、旅游观光、文化教育价值。扶持建设一批具有历史、地域、民族特点的特色景观旅游村镇，打造形式多样、特色鲜明的乡村旅游休闲产品。

2017年5月，农业农村部办公厅印发《关于推动落实休闲农业和乡村旅游发展政策的通知》，强调各级休闲农业管理部门要进一步统一思想，提高认识，履职尽责，因势而谋、应势而动、顺势而为、开拓创新，将政策细化实化，促进休闲农业和乡村旅游业态多样化、产业集聚化、主体多元化、设施现代化、服务规范化和发展绿色化。《通知》针对六大方面做出具体要求：

- 在用地政策上

要落实城乡建设用地增减挂钩试点，农村集体经济建设用地自办、入股等方式经营休闲农业的政策；要争取将休闲农业和乡村旅游项目建设用地纳入土地利用总体规划和年度计划合理安排；要支持有条件的地方通过盘活农村闲置资产资源发展休闲农业和乡村旅游。

• 在财政政策上

要鼓励各地整合财政资金，将中央有关乡村建设资金向休闲农业集聚区倾斜。要探索采取以奖代补、先建后补、财政贴息、设立产业投资基金等方式加大财政扶持力度。要创新融资模式，引导社会各类资本投资休闲农业和乡村旅游。

• 在金融政策上

要创新担保方式，搭建银企对接平台，推动担保机构、银行等金融单位拓宽抵押担保物范围，扩大信贷额度，加大对休闲农业的信贷支持。

• 在公共服务上

要积极推进“多规合一”，将休闲农业和乡村旅游开发纳入城乡发展大系统中，打造产业带和产业群。要加大行业标准的制定和宣传贯彻力度，建立健全监管规范。要积极构建完善的休闲农业和乡村旅游监测统计制度。要加强人才培训，提升服务质量。

• 在品牌创建上

要按照“3＋1＋X”的品牌培育体系，在面上继续创建全国休闲农业和乡村旅游示范县(市、区)，在点上继续推介中国美丽休闲乡村，在线上重点开展休闲农业和乡村旅游精品景点线路推介。要继续加大中国重要农业文化遗产的发掘保护传承工作，指导各地积极探索农业嘉年华、休闲农业特色村镇、田园综合体等品牌创建。

• 在宣传推介上

要按照“统筹谋划、上下联动、均衡有序”的思路，加大宣传推介，创新推介方式，在节假日和重要农事节庆节点，有组织、有计划地开展休闲农业和乡村旅游精品景点宣传推介，积极举办特色鲜明、影响力大、公益性强的农事节庆活动。

党的十九大作出了实施乡村振兴战略、建设美丽中国的重大部署。实施农村人居环境整治，建设美丽乡村是美丽中国的重要组成部分，是全面小康在农村的形象表达，是实施乡村振兴战略的重要切入点。2018 年 4 月，为深入贯彻党的十九大精神，认真落实《中共中央、国务院关于实施乡村振兴战略的意见》关于“实施休闲农业和乡村旅游精品工程”的决策部署，促进农业高质量发展，加快培育乡村发展新动能，农业农村部决定开展休闲农业和乡村旅游升级行动。开展升级行动，有利于推进农业供给侧结构性改革，促进农业转型升级；有利于发展农村新产业新业态新模式，加快培育农业农村发展新动能；有利于农民就近就地创业，促进农民就业增收；有利于改善农村人居环境，为城乡居民提供看山望水忆乡愁的好去处，满足人民日益增长的美好生活需要。到 2020 年，休闲农业和乡村旅游产业规模进一步扩大，营业收入持续增长，力争超万亿元，实现业态功能多样化、产业发展集聚化、经营主体多元化、服务设施现代化、经营服务规范化，打造一批生态优、环境美、产业强、机制好、农民富的休闲农业和乡村旅游精品，支撑农业现代化、带动农民增收、促进美丽乡村建设的作用更加突出，满足城乡居民美好生活需要的能力进一步增强。

(二)自治区层面

1. 坚持规划引领，突出培育“七带三区”产业聚集带

2016 年，广西启动编制的《广西休闲农业发展规划(2017—2025)》，力求充分发挥广西沿边、沿海、沿江、沿湖、富硒、长寿和山清水秀等独特优势，实现顶层设计、牵头抓纲的作用。广

西全力打造休闲农业产业聚集带(区),进一步做大休闲农业产业规模,着重做好首府南宁都市休闲农业示范区、柳州都市休闲农业示范区、桂林休闲农业国际旅游示范区、沿边民族风情特色休闲农业产业带、沿江亲水观光休闲农业产业带、滨海海洋文化休闲农业产业带、依山森林旅游生态休闲农业产业带、沿高铁(公路)特色种养休闲产业带、富硒农业休闲体验产业带、养生长寿生态休闲农业产业带等"七带三区"休闲农业聚集带(区)的规划布局,全面推动广西全域范围内的休闲农业产业提档升级。

2.强化品牌培育,充分发挥典型示范带动作用

近年来,广西农业部门围绕一二三产业融合发展,积极发动各市积极参加全国休闲农业与乡村旅游示范县(市、区)创建活动,着力培育了恭城、灌阳、容县等一批生态环境优、产业优势大、发展势头好、示范带动能力强的休闲农业与乡村旅游集聚区;积极参加中国美丽休闲乡村推介活动,打造了西乡塘忠良村(美丽南方)南丹县巴平村、武宣县下莲塘村等一批天蓝、地绿、水净,安居、乐业、增收的美丽休闲乡村(镇)。同时,自治区农业农村厅联合自治区旅发委开展全区休闲农业与乡村旅游示范创建活动,并编制了《广西休闲农业与乡村旅游示范点质量评定管理办法》和《广西休闲农业与乡村旅游示范点质量评分细则》。到目前为止,共创建了南宁市金穗生态园等 113 个广西休闲农业与乡村旅游示范点,成为引领产业发展的样本。

四、休闲农业规划内容

(一)规划背景条件分析

规划背景条件分析是休闲农业园区规划的首要步骤和基础性工作。作为规划设计的首要任务不仅需要立足于保护自然资源、人文环境,还必须积极利用和开发各项资源,结合当地实际情况,制定合理的规划目标和发展构想。休闲农业规划背景条件分析是一项极其复杂的工作,它涉及农业、地理、历史、经济、政策等各个领域。一般而言,休闲农业规划背景条件分析的主要内容包括以下几个方面:

1.区位条件

区位条件是指拟开发的休闲农业园区与主要客源地及中心城市的距离、交通可达性以及和相邻旅游区的关系。区位可分为宏观区位和微观区位。宏观区位是指休闲农业区所依托的城市的区位条件。微观区位是指休闲农业与所依托的城市的联系。微观区位一般有几种含义:与城市的距离;交通的通达性;所处区域的景观、环境、经济条件等。

游客的出游在很大程度上要取决于目的地的区位条件,休闲农业的游憩性质决定了区位条件对潜在游客的重要性。例如分布在城郊的休闲农业园区由于具有接近城市建成区,交通便捷等先天优势,往往能得到良好的发展。

2.自然条件

休闲农业因其所特有的农业生产属性,使其受自然条件影响显著,具有强烈的地域性和季节性。园区所在区域的综合自然条件在一定程度上决定了其开发类型和发展方向。自然条件主要包括自然景观条件、气候条件、水文条件、土壤条件、自然灾害情况、环境质量状况等。休闲农业园区选址的一般标准是气候适宜、灾害性天气稀少、地下水充沛、地表水丰富、地貌组合多样、土地利用多元化、污染程度轻微等,以形成优美人文与自然环境的地域。

3. 依托城市的社会经济条件

城市的社会经济条件决定着休闲农业园区能否生存与长久发展。社会经济条件对休闲农业的开发影响深远，休闲农业开发以前必须对其所依托地区的社会经济条件进行细致而深入的分析，分析的内容主要包括区域总体发展水平、物产和物资供应情况、区域基础设施情况等几个方面。

4. 政策法规

与休闲农业相关的政策和法规对休闲农业的规划具有举足轻重的影响，形成开发的软环境。在规划之前，必须收集区域内相应的现行政策，包括会议纪要、指示、文件等，充分透析当地政府的决心和意图，并要很好地渗透到规划中去。相关的法律和法规包括：农业方面、旅游业方面、社会经济发展方面（优惠政策）和专门的指示、纪要、文件等。

（二）客源市场分析与市场开发设计

1. 客源市场分析

休闲农业客源市场分析的主要任务是确定客源市场的特点及潜在市场的规模，分析内容包括客源市场分类、市场特性分析与评估、客源市场预测等，主要解决客源市场定位和客源市场预测两个问题。

客源市场分类是根据出游目的（如娱乐、保健或公务）客源分布、社会经济水平、游客的旅游偏好等来确定客源市场。市场特性分析与评估环节首先从游客的需要和偏爱、最能满足市场需要的设置（规模、数量、质量）当前消费的热点项目和未来开发引导性项目三个方面对市场进行评估；其次从休闲农业的季节因素、其他旅游点及周边休闲农业项目属性（竞争性经营或互补性经营）两方面来分析客源市场的限制因素。市场分析准确与否直接关系到休闲农业开发项目的生命力和投资资金的可行性与安全性，是项目开发成功与失败的分水岭。客源市场预测一般可以采用宏观总量比例预测法、目标市场调查分析法、类似项目比较预测法这三种方法。宏观总量比例预测法应用最为广泛。目标市场调查分析法运用得当，可以得到较为准确的结果，但工作量较大。类似项目比较预测法的运用前提是在旅游项目待建地区及其近似地区，已经建有同类的不构成直接竞争的旅游项目，以已建项目为参照物进行适当比较修正，也可获得待建项目的客源量预测值。三种预测手段在实践中如能同时运用而综合取值，有利于提高预测的精度。

2. 市场开发设计

市场开发设计是休闲农业园区能否取得现实效益的关键。近郊、中郊园区可以考虑作为青少年教育基地，周边学校的学生可以方便到达。由于距离城市建成区较近，规划园区也要考虑自驾游游客需求，设置一定量的停车场，并且推出野外烧烤、垂钓等项目以及设计方便自划皮艇等水上娱乐的较浅水面。这类园区还可以针对老年游客团队，开发一些相对安静、安全省力的环境和设施，通过举办各类主题活动，吸引大批量客源。此外，主题餐饮也是一个不错的选择。远郊园区如果没有足够的特色资源或相当的规模，适合与周边旅游项目组成完整的旅游线路，成为周边旅游项目的补充，以某一项目或产品作为主要卖点。大范围的度假区适合于环境优美、规模较大的农庄。

展现独特田园风光的规划项目，其市场定位以自然生态旅游市场为主。此类产品吸引的客源市场主体是所依托城市的居民。开展如种菜、采摘参与性、娱乐型较强的农事活动的项目，其主要目标客源市场是少年儿童、青年旅游市场、中老年旅游市场及喜好绿色健康食品（如新鲜采摘的水果）的都市旅游市场。以民居建筑游为主的项目主要能吸引对于建筑及历史有兴趣的游客市场，其目标市场主要为受教育程度较高的中、老年旅游者和相关专业人士。展现乡村特有的民风民俗和风土人情、土特产品的项目，其目标客源市场是以体验城乡文化差异为主要旅游动机的城市文化旅游者。高科技农业技术类乡村旅游产品的目标客源市场主要是青少年、儿童以及其他地区的观摩取经旅游者。休闲度假类产品的目标客源市场主要是城市中、青年阶层里收入较高的部分及其家庭。

（三）战略定位和发展目标

休闲农业规划的战略定位是在对项目区位条件、自然条件、农业资源条件、依托城市的社会经济条件、客源市场条件等详细分析的基础上，对休闲农业园区项目进行总体定位，确立总体发展目标。

1. 区域定位

从生态、社会、经济、文化等诸方面对休闲农业园区在区域发展中的战略定位做出判断，从而可以正确地认识项目的性质，为以后的规划设计工作做出指导。分析内容包括：分析规划项目对于当地农业产业结构调整所具有的意义，分析规划项目对于当地农业生态环境改善起到的作用，分析规划项目对于当地城乡社会协调发展起到的作用，分析规划项目对于当地乡土文化的保护和发展所具有的意义以及分析规划项目在当地旅游业发展中的战略作用等。

2. 市场定位

市场定位是指在资源综合评价的基础上，分析客源市场，结合当前的市场需求，确定发展目标与建设程序。根据对客源构成、客源流向、消费结构、消费水平的分析评估，科学地确定休闲农业园区的发展目标和建设规模，让其保持一个恰当的水准，既有一定的前瞻性，又有切实的可行性。

3. 发展模式定位

应根据规划园区所在地的实际条件和发展需求，选择适当的发展模式，开发更加全面的功能。发展模式不是一成不变的，需根据当地实际情况的变化做出灵活的调整，甚至可能立足于地区特殊情况，经过科学的分析，创造性地建立新的休闲农业发展模式。

4. 发展目标定位

根据确立的项目发展模式，结合本地区的物质条件，对项目发展前景做出预判，制定切实可行的发展目标，以检验规划设计的效果，并确保项目建设的正确方向。

（四）功能分区和空间布局

休闲农业园区的功能分区是根据结构组织的需要，将园区用地按不同性质和功能进行空间区划。在对休闲农业园区进行功能分区时，应充分考虑园区内部自然条件的差异，因地制宜，将农业生产和休闲活动有机结合；园区功能布局要与产业布局结合，确定农业在园区中的基础地位，同时符合农业生产和休闲游憩等服务的需要。

1. 园区功能的设置

目前各类休闲农业园区设计创意与表现形式不尽相同，功能分区则大体类似，基本可分为三大类。

(1)农业景观区　依托农业生产空间,展示园区风光以及现代农业生产技术,一般在设计上以景观美学的要求为主。有较大山体的园区可设置生态保护区,具有生态保护和景观展示的双重功能;面积较大的园区应结合内部道路、河流营造环境优美的景观带。

(2)农业生产与体验活动结合区　通过有参与性的乡村生活及特有的文化和娱乐活动,增进游客对农村和农业的了解,兼具农业生产功能。

(3)服务接待区　向游客直销当地特色农副产品和手工艺品,提供游客的集散、餐饮、住宿等功能。

2.功能分区的原则与要点

功能分区的原则包括:分区应定出休闲农业园区特色;同一分区内空间的功能和使用性质应基本一致;同一分区内的规划原则、措施及其成效特点应基本一致;功能分区应尽量保持乡村原有风貌,保护农业生态环境,保留典型地貌及保持行政界线的完整性。

休闲农业园区的功能分区不宜过于琐碎,应通过空间布局上各功能区之间的相互配合、协调发展,使园区构成一个有机整体。功能区面积的划分须保持适当比例,在结构上反映主次关系,突出特色。游览与观赏活动应动静结合,尽可能利用现有景观,因势利导,进行功能分区。以人为本,根据游客和生产者的要求,合理设置园区各项功能,通过功能分区实现较高的农业生产效率的同时,使游客得到舒适的游憩体验。

休闲农业园区的功能分区没有绝对的模式,需要根据园区的发标、发展模式、面积、地形地貌等现状条件以及投资规模等综合布局,达到资源的优化配置。

(五)重点休闲项目规划

1.生产区

生产区通常选在土壤、气候条件良好,有灌溉和排水设施的土地上。主要经营项目包括农作物生产,果树、蔬菜、花卉园艺生产,畜牧业,森林经营,渔业生产等。生产区主要让游人认识农业生产的全过程,让游人在参与农事活动中充分体验农业生产的乐趣。

2.农业科技展示区

农业科技展示区也应该选在土壤、气候条件良好且有灌溉和排水设施的地段,可以开展生态农业示范、农业科普教育示范、农业科技示范等项目。通过浓缩的典型科技农业和农业传统知识的推广,向游人展示农业独具魅力的一面,增强游人的农业意识,加深对农业的了解。

3.产品销售区

产品销售区在园区的位置要在交通便利、位置明显之处,一般要座落在主干道两侧。在经营项目上不仅包括特色农产品,还可以包括民间工艺品、特色民俗纪念品、园区旅游纪念品等。

4.景观区

景观区通常位于地形丰富多变区,原有景观资源良好的地段。景观区还可以设置观赏型农田、瓜果园,观赏苗木、花卉展示区,湿地风光区,水际风光区等。景观区可以使游人能够身临其境地感受田园风光和自然美景,是游人放松身心、体会农业魅力的理想场所,可根据具体情况设置美观的观景台。

5.休闲区

休闲区位于地形丰富、气候良好的地段,可设置的项目包括农家风情建筑、乡村风情活动场所、渔家垂钓区等。休闲区的开发使游人能够深入农村特色的生活空间,体验乡村风情的活动,享受休闲农业带来的乐趣。

(六)休闲要素设计

1.体验活动设计

休闲农业项目的体验就是生产者和经营者以园区为“平台”,以山林田园景观为“布景”,以游客为主角,以农产品为“道具”,编排“剧本”,创造出令游客回味的活动。体验是内在的,是个人在身体、情绪、知识上参与的收获。体验因消费者的参与程度是主动或被动,以及消费者和环境上的关联性是融入情境或只是简单吸收信息而分为四大类:第一类是娱乐的体验,即各种活动的娱乐性;第二类是教育体验;第三类是逃脱现实的体验,即乡村景观有别于城市景观所带来的体验;第四类是美学体验,包括乡村景观美和乡村文化的形式美。具体的体验项目包含环境体验、农家餐饮文化体验、乡村娱乐体验、农作体验、生态环境体验、小气候体验、乡村节庆体验、乡村文化体验等。

体验活动设计的五个步骤:第一步是确定主题。主题是能够带动所有设计与活动的概念。第二步是塑造形象。通过正面线索的调和且与主题一致,才能使游客形成不同的体验。第三步是去除负面线索,避免减损游客的体验。第四步是配合加入纪念品。由于纪念品与体验相关,其价格往往超过实物的价值。第五步是动员五种感官刺激,所涉及的感官刺激越多,设计的体验就越容易成功。

2.休闲农业产品

一般而言,休闲农业园区可以形成以下产品系列:农业休闲度假系列、农事文化体验系列、农事参与系列、农技交流示范系列、农产品品尝系列、农特产购物系列、赏鱼垂钓系列和山水休闲健康促进系列等。现有休闲农业项目中,农家餐饮产品占有重要地位,为了增加餐饮的吸引力,可以将农家餐饮主体化,吸引潜在客源。

(七)建设分期和动态开发

由于各类旅游服务设施和基础设施亟待建设,所需建设资金量较大,为此,休闲农业项目往往选择分期投资建设方式,使园区随着旅游客源市场规模的扩大,各项工程设施逐步建设完善,以便更合理有效地利用资金。在规划时,要确定总体建设期限,各功能区和重点项目建设步骤与开放时间、功能区间、重点项目间的时间衔接方案。

(八)休闲线路设计

游线有大尺度和小尺度之分,大尺度游线表现为与外界交通的联系,小尺度游线为内部游径。

1.对外交通

对外交通是连接休闲农业园区与外部空间的廊道,也是城郊型休闲农业园的入口门户,有快捷性、生态性、景观性等方面的要求。在考虑交通性的基础上尽量维护生态环境,避免开发生态敏感地段。

2.外部引导线

外部引导线指由其他地区向园区主要入口处集中的外部交通,通常包括公路、桥梁的建造和汽车站点的设置等。引导路线设计要有收有放,形成变幻多样的立体空间。在视觉安全和风景优美处开敞,在需要屏蔽处围合,不断变化空间格局以吸引游人。园区外部引导路线的长度要加以控制,宜在距离园区几公里之外的公路设置标志物,且每隔 300～500 m 应有大的形态上的节奏变化，在距离园区 500 m 之内，可以采用突变式美学构成法则，给游人留下深刻印象。

3. 出入口

出入口可以分为主要入口、次要入口、专用入口三种。在主要入口范围内应布置缓冲人流的场地，作为游人休息的场所，特别是留足停车空间。为方便附近居民或为次要干道的人流服务，还应设置辅助性的次要入口，也为主要入口分担人流量，可设置在园区内有大量人流集散的设施附近。专用出入口是根据园区管理工作的需要而设置的，为方便管理和生产并在不妨碍园区景观的前提下，选择在园区管理区附近或较偏僻不易为人发现处。

4. 内部游径

内部游径是休闲农业园区的骨架和脉络，是联系各景点的纽带，也是构成园区景观的重要因素。一般园区内部游径可根据其宽度及其在园区中的导游作用分为入内交通、主要道路、次要道路及游憩道路。入内交通指园区主要入口处向园区的接待中心集中的交通。主要道路连接园区中主要区域及景点，在平面上构成园路系统的骨架。在园路规划时应尽量避免让游客走回头路，路面宽度一般为 4～7 m，道路纵坡一般要小于 8°。次要道路延伸到各景区，路面宽度为 2～4 m，地形起伏可稍大，坡度大时可作平台、踏步等处理形式。游憩道路为各景观区内的游玩和散步小路，布置较为自由，形式多样，对于丰富园区内的景观有很大作用。

(九)生态环境保护规划

在休闲农业项目开发和运营过程中，必须杜绝对生态环境与景观的开发性破坏，同时注意休闲农业与生态环境的协调发展。根据《中华人民共和国森林法》与《中华人民共和国环境保护法》的有关规定，园区内的一切景物和自然环境必须严格保护，不得破坏和随意改变。建设时必须遵循保护为主、适当合理开发的原则，实行依法治园，切实保护好休闲资源。

1. 生态环境保护

休闲农业园区的环境质量包括空气、水质、卫生、噪声等方面。为了保护园区空气质量，应严格控制烟尘和有害气体的排放。对规划区内所有裸露地面，宜种植植物，进行全面绿化。在重要景区建立复合型绿化噪声屏障，有效减少噪声污染，创造宁静、温馨的气氛。在主要景区、景点建立污水排放系统。对固体废弃物，如塑料、玻璃、易拉罐等废弃物要有效控制，实行统一处理。在旅游区外选择设置封闭挤压式生活垃圾站一座，在景点、游憩点和出游线路一定距离内设置废弃物箱。

2. 景观资源保护

景观资源保护包括对自然与人文景观的保护。园区内一切景物和自然环境必须严格保护，不得损毁、破坏或随意改变，园区内的各项建设都应与景观协调，在游人集中的游览区内，不得建设大型工程设施，同时根据景观审美原则，合理地改善植物品种结构，使得森林景观更加丰富，对园区的重要景物、古树名木，要有计划地进行调查、鉴定，并制定保护措施。改善交通、服务设施和游览条件，按照规划确定游览接待容量，有计划地组织游览活动，不得无限制地超量接纳游览者。加强安全管理，保障游览者的安全和景观的完好。

3. 生物资源保护

生物资源保护包括动物资源和植物资源两大部分。生物资源的保护要坚持保护、培养、合理利用相结合的思想，从而实现生物资源可持续利用的目的。

4. 植物病虫害防治

在对植物资源保护的同时，应做好病虫害的防治。要建立预测预报制度，查清病虫害的种类、危害程度、地点、规模，做到早预防、早发现与早防治，以生物防治为主，化学防治为辅，尽量防止环境受到污染，对引进的各种观赏树及绿化树种必须严格地检验，防止外来病虫害入侵。

（十）营销策略与促销方案

1. 营销策略

休闲农业不同于别的产业，它是以消费者的全程参与为主导，其营销模式应该体现休闲农业的特点，要以利用和保护生态农业资源为出发点，推出个性化体验产品，然后整合行业整体力量，注重集合品牌和企业品牌的打造，开发休闲产品特色，进行深度营销的模式，来进行休闲农业的营销。

(1)环境营销　也称绿色或生态营销，是当代环境友好型企业所采用的一种营销模式。休闲农业必须以保护环境为出发点，开展环境营销。由于环境营销的理念是从多方长远利益出发考虑问题的，有利于得到社会的支持，也利于帮助消费者形成对企业的忠诚，从而巩固企业的市场竞争地位。

(2)体验营销　体验营销是指企业从感官、情感、思考、行动和关联等方面设计营销理念，以产品或服务为道具，激发并满足顾客体验需求，从而达到企业目标的营销模式。休闲农业以其参与性与互动性强的特点深受旅游者喜爱，这类消费者重视参与过程中的感受，他们往往主动地参与产品的设计与制造。

(3)集群营销　集群营销是与产业集群相关联的一个概念。产业集群是指在特定的产业领域中，一群在地理上相对集中，且有相互关联性的企业、经销商、供应商以及相关服务机构共同构成的群体。集群营销则是由产业集群利用其集群优势，帮助消费者形成一种观念，提供一种生活模式而共同开展营销的方式。

(4)品牌营销　休闲农业企业必须注重品牌的打造，要把品牌的打造当成企业发展战略予以足够的重视。通过恰当的定位形成品牌消费群，打造有特色的休闲项目，构建品牌形象内涵，赋予品牌文化，以留住老顾客。

(5)深度营销　所谓深度营销是指以企业和消费者之间的深度沟通、认同为目标，从关心人的显性需求转向关心人的隐性需求的一种新型的、互动的、更加人性化的营销新方式。我国大多数休闲农业企业规模不大，处于发展期，渠道网络、管理经验及资金都不足以以较大的市场范围为目标，在此情况下，进行市场细分，以较小的目标为“根据地”，有效整合资源，通过建立区域强势品牌，实现以点带面、以面连片的营销战略，逐渐发展壮大。

2. 促销方案

(1)环境促销　首先，要树立环境保护意识；其次，要提供绿色产品，设计有特色的农事体验项目，让消费者在体验中得以放松身心，回归自然；再次，要塑造环保品牌，提升绿色形象，建立起休闲农业企业与消费者环保消费之间的通道；最后，要强化环保管理。

(2)体验促销　休闲农业企业首先要理清消费者的体验需求，再设计出有特色的体验主题，然后采用重视价值而非价格的价格策略，继而注重体验情境的创意，为顾客创建现实的或虚拟的体验舞台，营造互动的、有趣的氛围；通过顾客的参与，实现休闲农业所设计的体验价值；再利用口碑方式进行传播，将顾客自身的体验感受和体验信息传递给更多的游客，达到扩大知名度和销售的目的。

(3)集群促销　对于处于成长期的休闲农业而言，开展集群促销是形成较大市场的重要手段。这种集群促销有两种形式：一是地域集群，即在政府规划区域内修建一批农家乐或休闲农庄；二是产品集群，即通过产品互补利用相同渠道或促销方式开展整合促销。休闲农业企业通过各种平台，帮助消费者形成新的休闲观念，推出有特色的休闲产品，吸引消费者。

(4)品牌促销　开展品牌促销路径具体有：一是树立品牌意识；二是要有特色意识；三是要有传播意识。休闲农业企业要利用各种媒体、各种平台传播企业产品、企业形象；四是要有保护意识。当品牌促销成功以后，由于品牌效应和利润效应，一定会有竞争者加入，成功实施品牌促销的企业就要制定严密的措施来保护自己的品牌不受侵害。

(5)深度促销　休闲农业实施深度促销，关键在于确定自己的服务范围、重点培养对象、有效的网络。一方面，休闲农业企业可对所服务的区域市场建立顾客档案；另一方面，还需下游经销商及零售网络用心经营，建立以营销价值链为核心的零售网络。

(十一)投资估算和资金筹措

1.投资估算

休闲农业园区的投资具有投入金额大、投入时间长、沉没成本高以及投资复杂等特点。一般而言，园区初期投资金额与其所在区位、占地面积、园区类型、区内项目多少等因素有关。在正常情况下，游憩类项目的资金回收期一般为4～6年，投资基础设施建设的资金回收期一般在6年以上。由于消费者对休闲农业需求不断变化，为了保证园区处于正常运转状态，投资者往往还要在运营期间追加投资，满足消费者需求。基础设施和服务设施的购置资金投入比重较高，这些资金一旦投入，基本无法发生逆转，很难在短期内变现。由于休闲农业园区兼具多种功能，是综合性经济产业。休闲农业的综合性决定了投资的复杂性。

投资估算包括两部分内容：首先要复核项目总投资估算所包括的内容是否齐全。项目总投资分为建设投资和流动资金投资两大类。建设投资大多由五大部分内容(固定资产投资、固定资产投资方向调节税、无形资产投资、开办费和建设期借款利息)组成，这五项内容在我国现在经济环境和体制条件下是不可缺少的。其次要对项目总投资中几个组成部分的内容逐项进行鉴定、分析和评估。各项内容中的每一部分都可以分为若干不同的细项，根据这些细项的内容估算出投资需求，以保证项目的投资不仅在总量上符合要求，而且在内部结构上也能够根据不同的要求进行安排。

2.资金筹措与使用计划

投资资金需求主要是靠适当的筹资方案和资金来源渠道予以满足的。由于项目资金来源渠道多种多样，因此，评估中首先要考虑选择的资金渠道是否可靠，是否合法，筹资数量有无保证。其次要考虑筹资结构是否合理，即各种资金的组合是否达到了风险最小、获取容易、成本最低的要求。基本的筹资原则是规模适度、成本节约、结构合理、自愿互利。

在规划时，应根据本地情况设立休闲农业发展专项资金，把休闲农业资源开发和产品开发列入农庄的基本建设计划中，多渠道筹措休闲农业建设所需投资，要充分利用国家资助、财政补助、银行贷款，建立投资基金，利用外资、集体投资、个人投资及多种融资渠道解决，建立科学合理的筹措资金办法，开辟新的投资渠道，提高休闲农业投资效益。资金筹措方案确定以后，就可编制投资计划与资金筹措表。编制资金使用计划，应根据项目实施的预计进度和资金来源渠道进行编制，具体可以按照投资来源与投资支出估算表中的年度支出，安排固定资产投资使用计划和流动资金用款计划。投资使用计划的安排应能保证顺利执行项目实施计划和资金的最优利用。

（十二）经济效益和社会效益预测

1. 经济效益分析

休闲农业园区可能的收入来源包括门票收入、园区服务性收入和农业生产经营收入等。园区服务性收入主要包括游客二次消费收入和科技服务收入。所谓二次消费收入，是指游客进入园区后进行休闲、餐饮、娱乐、购物以及住宿等活动，园区经营者通过提供这些服务项目获得收入。科技服务收入主要指农业园区为企业和个人等消费者提供农业科技咨询服务和农业技术指导服务所得到的收入。生产经营性收入指农业园区通过生产销售农业产品得到的收入。将总收入减去费用（成本与税金）即为园区的利润。在经济效益预测中，一般先测算分年度利润，然后逐年填入利润预测表，最后计算出规划项目整个寿命期的总利润额。

经济效益分析的指标可分为动态指标和静态指标。静态指标是经济效益分析的传统方法，主要包括静态投资回收期和投资回收率。动态指标主要包括净现值、动态投资回收期和内部收益率等。

2. 社会效益分析

休闲农业规划项目的社会效益分析主要可从提高城市化水平、缓解地区就业压力以及加快城乡一体化进程三方面分析。随着大量农村人口涌入城市，扩大就业成为一个社会难题。休闲农业的发展不仅增加了工作岗位，还有效缓解了就业压力。许多休闲农业企业依托较为分散的小城镇旅游资源，积极开发休闲度假、生态旅游、休闲农业等。通过增加剩余劳动力的就业渠道，加快区域内的城市化进程，调整区域城镇结构，推动区域整体发展。

（十三）风险评估和风险规避

1. 风险评估

市场主体在竞争中面对的风险可以分为两大类：自然和社会风险；经营风险或市场风险。企业在投资、生产和销售等市场经济活动中，都会因为决策依据的信息不完全、决策手段不完善、决策执行不及时和不充分以及竞争的加剧等原因而蒙受经济损失，形成经营风险。为了提高预测的科学性和评价的正确性，使预测的项目能经受各种风险，需要进行不确定性分析。常用的不确定性分析方法有盈亏平衡分析和敏感性分析。

盈亏平衡分析是通过分析产品成本、销售量和销售利润这三个变量之间的关系，掌握盈亏变化的临界点（保本点）而进行选择的方法。对于休闲农业项目而言，只要服务规模达到盈亏平衡点的水平，就能使该项目盈亏平衡。

敏感性分析是在确定性分析的基础上，进一步分析不确定性因素对投资项目的最终经济效果指标的影响及影响程度。对于园区项目而言，进行敏感性分析就是对项目在建设期和建成后的诸多影响因素中找出对项目收益影响较大的关键因素进行研究。找出最敏感因素后，可以进一步测算这些最敏感的因素变化的可能性和影响程度，从而寻找减小风险的措施。

2. 风险规避

风险规避是风险应对的一种方法，是指通过计划的变更来消除风险或风险发生的条件，保护目标免受风险的影响。风险规避并不意味着完全消除风险，我们所要规避的是风险可能给我们造成的损失。一是要降低损失发生的概率，这主要是采取事先控制；二是要降低损失程度，这主要包括事先控制、事后补救两个方面。风险规避的方式有四种：完全规避风险，即通过放弃或拒绝合作，停止业务活动来规避风险源。虽然潜在的或不确定的损失能就此避免，但获得利益的机会也会因此丧失；风险损失的控制，即通过减小损失发生的概率来降低损失发生的程度；转移风险，即将自身可能要发生的潜在损失以一定的方式移给对方或第三方；自留风险，采取有计划的风险自留不失为一种规避风险的方式。

(十四)管理体制和保障机制

1. 管理体制

(1)理顺管理体制，加强产业引导。政府应明确农业产业化管理部门为休闲农业行政主管部门，配齐配强各级领导干部，出台具体的扶持优惠政策，规范休闲农业的项目审批(或备案)可行性论证及日常管理。

(2)实现经营管理企业化。要将现代企业管理制度引入休闲农业，以最大限度提高经济效益。注重加强休闲农业企业的经营战略、内部管理体制、分配制度、组织结构、运行机制建设，理顺休闲农业与科研院所、高等院校、金融机构、中介机构、地方政府管理部门、各种生产企业及其他的社会组织之间的相互关系。

(3)完善休闲服务体系。作为休闲产业，必须对环境、接待、服务提出相应的要求，让消费者享受到规范的服务。从休闲线路的策划到每个景点内容的确定，从农业休闲的导引介绍到田园风光的品位鉴赏，从日间的餐饮到夜晚的住宿，都要建立和培养一支专门的服务队伍。

2. 保障机制

在发展休闲农业时，一定要探索保护当地农民合法权益的机制，按照“自愿、合法、有偿”的原则，鼓励农民以土地(包括果园、池塘、农业生产设施等)入股，以劳动入股，成为休闲农业园区和配套设施建设的股东和主人，实现按投股分红，确保农民有合法和稳定的收益，才能提高农民对发展休闲农业的积极性，使休闲农业企业与农民发展目标契合，共同促进当地休闲农业的发展。

五、休闲农业的创新发展模式

(一)蔬菜主题创意发展模式

1. 建设思路

(1)观赏蔬菜品种选择　根据不同的季节特点，突出季节性选择种植蔬菜，每一季度，推选出一种蔬菜作为休闲园区的主题蔬菜。观赏蔬菜用于摆放于室内，因而植株不宜高大，并且要选择颜色艳丽，形态优雅，或者形状奇特、观赏性强、观赏期长的品种。

①叶菜类。叶菜类观赏蔬菜的种类和品种十分丰富，有叶球类，如适于庭院种植的结球甘蓝，装饰窗台的大白菜，适于阳台静水种养的结球生菜等；很多绿叶蔬菜可以作为观赏蔬菜种养，如小白菜、芹菜、茼蒿、菠菜、生菜、豆苗、珍珠菜、番杏、紫背天葵、人参菜、荠菜、落葵、鱼腥草等，其中绝大多数植株矮小、生育期短、采收期不严格，既可以作为庭院栽培，也可以作为阳

台蔬菜种养。

②果菜类。果菜类是观赏蔬菜中最丰富的一个大类，有瓜类、茄果类、豆类三个主要种类。瓜类中南瓜、佛手瓜、苦瓜、西瓜、甜瓜等，果实形状各异、色彩丰富，具有极好的观赏和实用价值；茄果类主要有辣椒、番茄和茄子，其中很多品种的果实色彩鲜艳、形态各异；豌豆、蚕豆、扁豆、四棱豆等多种豆类蔬菜具有美丽多姿的蝶形花冠，有的植株矮生，有的藤缠棚架，适于庭院种植或阳台种养。

③芳香蔬菜。芳香蔬菜是人们日常生活中最频繁使用的调味蔬菜，包括紫苏、薄荷、迷迭香、球茎茴香、香葱、大蒜等，它们具有较强的耐热、抗寒、耐旱能力并具有很强的分蘖能力和叶片再生能力，是理想的庭院蔬菜、阳台蔬菜。

(2) 蔬菜造型设计　选择观赏性强的蔬菜进行造型设计，突出蔬菜的趣味性。如采用立体柱式栽培可以在高低起伏的地形上布置成"蔬菜森林"的景观，也可布置成"蔬菜迷宫"景观；采用墙面立体式无土栽培可以布置成"生态院墙""绿色小屋"等景观；采用管道式栽培可以布置成空中"景观长廊"或"立体景墙"景观；用自然的竹木材做成立体栽培装置更具艺术性等；通过艺术造型、描绘与雕刻等手段，生产可供观赏的蔬菜艺术产品。(图 3-1 至图 3-5)

(3)设立蔬菜种植体验区　专门划定特定的区域供游人体验种植蔬菜，让游人充分参与其中，享受种植蔬菜所带来的乐趣。

①儿童种植区。专门为儿童设计一系列的趣味游戏，让儿童在游戏中体会，到底什么是蔬菜，使儿童在游戏中学习。也可以让孩子的父母参与其中，体会到其乐融融的家庭乐趣。

②采摘区。采摘区种植的蔬菜可以是生长周期短，产量高的品种蔬菜，不但吸引了游人的参与，也给观光农业园区创造了经济效益。

③蔬菜设施区。生产绿色蔬菜，提供给游客采摘。让游人了解蔬菜生产的过程，让游人买得放心。

④蔬菜品尝区。将游人采摘好的蔬菜做成美食，供游人品尝自己亲手采摘的蔬菜，别有风味。蔬菜的烹饪过程可以展示给游人观赏，让游人享受美食的同时，也能从视觉上享受厨师烹饪手法的高超技艺，甚至可以让游人亲自下厨做菜。

⑤蔬菜模型区。将世界各地的著名蔬菜以模型制作的方式都收集在一起，展示给游人欣赏。让游客了解世界各地不同种类的蔬菜与我们地区的蔬菜有何不同，以此来吸引游客。

(4)建设蔬菜文化馆　建设蔬菜文化馆，让游人了解蔬菜发展历史。从不同时期介绍蔬菜的发展史，令游人感受到蔬菜文化的魅力所在。

2.经验与启示

(1)提供一种小成本的经营模式　以蔬菜作为主题经营休闲园区，因其收效快，创收方式多，规模也不用较大，适合小成本运营，特别是大城市园区，蔬菜与休闲农业结合尤其值得借鉴。

(2)提供一种展示现代农业科技和农业文化的创新模式　蔬菜造型设计中采用立体柱式栽培、墙面立体式无土栽培、管道式栽培，充分体现了现代农业的魅力；用自然的竹木材做成立体栽培装置，以及艺术造型、描绘与雕刻等手段生产出可供观赏的蔬菜艺术产品，创新了展示农业文化的手段。

(3)提供一种农业生态环境建设模式　利用蔬菜不同叶色、叶形等要素进行行列式景观种植，充分展现出蔬菜的景观造型特色，是蔬菜多功能的重要体现；运用原生态材料规划出的道路分隔菜地，既干净又整洁、美观，符合城市居民对农业的向往和舒适生活的需要。

图 3-1　瓜类塑形产品

图 3-2　立体柱式栽培

图 3-3　管道式栽培

图 3-4　立体栽培装置

图 3-5　根据蔬菜种类、颜色等错落有致搭配出的蔬菜花园

(二)特色民宿创意发展模式

随着近几年民宿的快速发展,人们对民宿的要求也变得越来越高,到底怎样设计民宿呢?

1. 特色民宿建设的基本原则

(1)外立面　民宿的设计并不需要追求规模或奢华,能够体现民宿的特色最为重要。保留原有的建筑风貌,比如残缺的外立面,在经过风霜雨雪长期的洗礼后,更有贴近自然返璞归真的味道。(见图 3-6、图 3-7)

图 3-6　只进行外墙保护,保留原有建筑特征

图 3-7　柔和色调与青山绿水间的协调彰显田园的惬意

(2)庭院和露台　既然是一次贴近大自然的旅行,那么游客也更愿意待在户外,户外的家具是庭院必备的家具。三三两两的凳子配上小茶几,让游客抛掉工作的烦恼,看着日落享受着宁静的午后,更具独特的惬意(见图 3-8)。

图 3-8　庭院和露台是民宿的必备

(3)客房　客房是游客休息的地方,要设计出一种回归自然、轻松和谐的意境,从而展现民宿真正的作用,那便是一种"慢生活"的生活态度。民宿是在陌生的地方让人可以内心安宁,并且让时间停止的宁静之所。原生态的材质选择,老木梁或木制材料在客房内的点缀,没有城市里的闪亮,带给人许多怀旧的味道,保留了对过往生活的一种回味(见图 3-9 至图 3-11)。

图 3-9　原生态材质点缀是客房选择态度

图 3-10　梳妆台可以用来记录乡间回忆

(4)公共区域　民宿最吸引人的莫过于它的当地特色,在追求小而精美的过程中,不妨保留下些许农民房的元素,突出些当地文化及民俗的元素。现代化设计与原始农民房的融合,既保留了民宿该有的特征,又满足了游客对现代生活品质的要求(图 3-12 至图 3-16)。

(5)餐厅　民宿里,吃什么也许不重要,游客用餐讲究的是协调与舒适。但许多农家乐餐馆使用餐桌、餐椅、餐具并不统一,往往在一家可以看见颜色式样各异的桌子和椅子,一个餐桌上可以看到大大小小的盘子、高高低低的碗,塑料的、搪瓷的、铁质的一起上,给人以不整洁之感。因此,农家餐厅需要根据自己的接待能力配备相应数量的餐具和器皿,如果使用具有地方特色的餐具效果会更好(图 3-17)。

图 3-11　干净整洁的洗浴间是客房质量的关键

图 3-12　现代化设计与原始农民房的融合

图 3-13　原生态木材构成的景墙既廉价又实用、美观

图 3-14　水泥空心砖拼凑而成为盆景基础

图 3-15　红砖与植物相映生辉

图 3-16　随处可见的石头做成的挡土墙

图 3-17　具有地方特色的餐厅风格

(三)特色小镇+休闲农业创意发展模式

代表案例——“蓝城农庄”小镇

1. 基本情况

“蓝城农庄”小镇位于浙江省嵊州市甘霖镇施家岙村，占地面积约20亩，主体是一栋落地约500 m^2 的中式宅院。户外，便是前庭、后院、菜园，再到大片农田和果林的“庭、院、园、田”四级体系。

2. 创意模式

(1)架空层上的合院　主体建筑一层架空，二楼是一个合院格局，青瓦白墙木柱，环绕着凉廊、露台和灰空间。架空层高3.9 m，做成了一个高科技农艺空间：有A字抱架水培、垂直多层水培、基质培、立柱栽培……这样造房子不占用耕地面积。一楼仍用于农业生产。一个32 m^2 的垂直多层水培，种菜面积就有160 m^2，产量是传统的3～5倍，还可以半自动或全自动管理。沿楼梯走上二层的合院，室内是朴素的装修，游廊下面摆着裸露的中式木头长桌。建筑面积只有143 m^2，有3个房间，2个卫生间，1个大厅，还有一个厨房加工区，南向面宽18.8 m。中庭长宽约7.6 m×9 m，墙面种满绿精灵、帆根、鸭脚木和阿波蕨。一部分做成玻璃地面，为架空层的植物提供采光。房间设置的功能有会议室、起居室和农具房，还有一个小小的书吧(图3-18、图3-19)。

图 3-18　主体建筑

图 3-19　主体建筑二层中庭

(2)20亩(1亩=667平方米)的庭院园田　站在巨大的露台上，凭栏俯瞰，一派田园风光尽收眼底：从脚下的景观小院、蔬菜花园、迷宫和廊架、老树下的休憩区，到近处的玻璃暖房、生态泳池……再远处，隔着一道溪渠，就是大片的果林、农田，将近11亩，一直延袤到天际线上的群山。这个“农庄”，是“蓝城小镇”的一个产品原型，变化在于园田的规模和建筑的面积。行走在内园中，道路都由碎石子铺成，花坛、菜园也是用石头和木头垒起，整饬干净。园内种植大片紫甘蓝和青菜，边缘杂种鲜花、蓝莓，还有专门的葱蒜韭菜区、竹笋区和蜜蜂养殖区，主要用以满足农场主的日常生活(图3-20、图3-21、图3-22)。

图 3-20　站在露台凭栏俯瞰田园风光

图 3-21　园内原生态的道路模式

3. 经验与启示

(1)提供了一种农庄意象的居住形态　随着中国经济的发展,城市化已逐步进入高级阶段,人们越来越期望有一种生活能兼备城市的便捷和乡村的生态,传统的大规模住宅开发,已不适应中国人逐渐升级的消费需求。“蓝城农庄”小镇打造出田园、林木、院落、水系组成的原生结构,使生活、生产与生态三者相互交融。形成了一个占地广袤、环境优美、人际关系亲密、生活节奏缓慢、生活配套丰富、安宁又充满乡愁的地方。庭院和田园成为每个家庭的标准配置,田地可种四季时蔬瓜果,向大地索取一份内心的满足与安宁;园子可养几只宠物,圈一片鲜花满园,做一个朴实而奢华的梦。配套自足、社区自治,“桃花源”式的生活方式令人抛却物质的枷锁,唤起人们的乡愁和对自我的内省。这种“比城市更自然,比农村更文明”的居住形态或将成为中国主流生活方式。

图 3-22　园内农作物景观化种植

(2)提供了一种改变乡村文化内涵的创新模式　“蓝城农庄”小镇的开发模式不是对山林耕地进行传统的开发、利用,而是以现代规划手法来保留乡村的淳朴,让建筑的使用空间与农业生产相结合,通过传统自然的材料与乡土建筑的造型,使当地的环境秩序、建筑形式、风土文化、城市景观等相契合,在营造舒适空间的同时包含了地域文化的特性,创造出更具文化精神内涵的作品。传统元素、自然生态及农业生产,延续了中华民族传统的农耕文化;而融入地方情感的乡土材料,也体现了建筑师对当地自然环境、文化的尊重及对人的关怀。这种兼具现代设计和传统风味的创新模式,在提供休闲时光的同时,更延续了人们的文脉记忆。同时为乡村注入了经济活力,让城市文明、工商资本下乡,以此带动城市周边乡村环境和农民生活的改善。

(3)提供了一种新农村建设的思路　在建筑风格上,对中式建筑的“生活方式”与“居住空间”创新整合表现,通过对中式传统元素的提炼和加强,建筑上部采用木材、玻璃和一些原生态的青砖作为主要材料,原生态的映射更加贴近自然。玻璃面对环境产生了一些反射,又将室内的景观透射出来,反射和透射之间形成了外部与内部的影像叠加,模糊了室内外的空间界限,使建筑与景观相互融合,达到一种轻盈通透的效果。

“架空层上的合院”拓展了空间使用功能，让其更有内容、更具情怀的田园生活从土地里生长出来。通过架空钢结构的形式构建主体框架，既解决了建筑的地面通风和防潮问题，又有利于减少对耕植土的破坏。同时，安全舒适的环境可容纳多功能的使用：花房、餐厅、会客区等，交错而置，营造出归属感和私密性较强的公共活动空间。通过多层次的空间构造，将室内空间向外伸展，把大自然的景色引入室内，使农庄建筑充分与环境结合。

在整体布局上，采取组团式农庄的营造。在有了完整的规划后，建筑在自然环境中有序地铺陈，它们不再是简单的无机物的堆砌，建筑体块之间相互交织，疏密有致，与景观咬合渗透，轻质的连廊与茂密的树冠给了建筑一种漂浮感。灰空间占建筑面积的 40%左右，有效地扩大了建筑与环境的接触面，增加了使用空间的休闲性。林木、水景紧密交融，人工建筑与自然环境汇成一体，既保有了建筑本身的个性又将其掩映于自然之中，形成一种延绵的尺度、韵味和形式，赋予了建筑更强的生命力。

（四）依托农业产业优势创意发展模式

代表案例——荷塘月色

1. 基本情况

荷塘月色位于柳州市柳江区百朋镇，是广西第一批现代特色农业（核心）示范区。先后被评为“国家 AAA 级旅游景区”“全国农业旅游示范点”“中国美丽田园”“广西农业旅游示范点”“广西十大魅力乡村”“广西休闲农业旅游示范点”“广西双季莲藕之乡”等。核心区面积 3 800 亩，拓展区 6 500 亩，辐射区 1.5 万亩。示范区下一步将以 5A 级旅游景区为标准，加大观景平台、标志性建筑、导游指示牌等基础服务设施建设，强化综合接待功能，形成吃、住、行、游、购、娱乡村休闲旅游产业链（图 3-23，图 3-24）。

图 3-23　万亩莲藕基地

图 3-24　荷塘月色美景

2. 主要经验及做法

（1）依托农业产业优势打造规模化休闲农业旅游　百朋镇是全国有名的“双季莲藕”之乡，“柳江莲藕”是国家地理标志保护产品，列入了农业农村部第一批蔬菜标准园创建项目。在全国首创双季莲藕套种慈姑“一年三熟”生产模式，在第七届全国水生蔬菜学术及产业化研讨会上得到全国专家、学者和业内同行的肯定。目前依托百朋镇独特的山水田园风貌和荷塘月色万亩双季莲藕示范区，以风情小镇和下伦荷花主题公园为主要建设内容，打造国内一流品牌的乡村旅游综合体，助推产业高度融合发展。2012 年至今在示范区内已成功举办了六届柳江百朋荷花文化旅游节，2017全年接待游客达60万人次以上，旅游收入将达5 000万元以上(图3-25至图3-28)。

(2)高起点抓好规划编制引领示范区创建工作　荷塘月色确定了以柳来公路为主轴，以发展双季莲藕、套种慈姑等水生蔬菜和观光休闲旅游为两大产业，以机械化试验区、新品种展示区、莲藕套种(养)示范区、出口莲藕种植区、千荷休闲观光区为五大功能分区的“一轴两业五区”的总体布局。实施了以农田水利、道路交通为重点的基础设施建设；完善了以观景平台、展示中心、村庄风貌改造、河道治理、旅客接待中心、景区大门为重点的旅游配套设施。

图3-25　2014年荷花文化旅游节

图3-26　2016年荷花文化旅游节

图3-27　荷花全身是宝:根、叶、花、果都可食用

图3-28　爱美的观光者

【他山之石】

以农业产业扶贫助推乡村振兴

黄文越是广西农业职业技术学院园林与建筑工程系2005届毕业生，创办了广西天德园林绿化工程有限公司和广西悦心坊生态农业有限公司。其中广西悦心坊生态农业有限公司(悦心坊农庄)(图3-29)是一家集生态种植、农家乐、智能化食用菌种植、农产品加工销售为一体的生态农业公司。从一个怀揣梦想靠月收入几百元的打工仔，到一个崭露头角拥有休闲农业基地的农场主，这一位看似普通的农村子弟，现在正带领着他的团队在创业之路上高歌奋进，这个年青人凭自己良好的素质和魄力，以他的胆识与魅力向大家展示了大学生创业的风采。

一、立志学农，小试牛刀

黄文越在校期间曾担任班团支书、系团总支学生会学习部副部长，在同班同学里他略显老成，“我爸妈务农，家里哥哥、姐姐都在上大学，生活压力很大，我成绩一般，初中毕业就跟着村里人去广东打工，在电子厂做流水工，做了一年，觉得很苦闷，当时就有一个念头，一定要掌握一门过硬的技术。”经过和家里人商量，觉得科技兴农有前景，他报读了广西农业职业技术学院园艺园林专业中专班（广西农业职业技术学院最后一届中专班）。他听了林贤普老师的食用菌栽培课程后，对食用菌种植特别感兴趣，加入食用菌社团实践凤尾菇、金针菇等多种食用菌种植技术培训，积极给林老师的“香蕉杆和木薯皮基料种植食用菌”研究打下手，积累了食用菌栽培技术。

图 3-29　悦心坊农庄大门

2004 年秋，他来到广西农科院蔬菜研究所实习，因为家里经济不算好，他寒暑假利用系里实训基地闲地种菜以及在社会上做兼职创收，在工作的过程中体会到工作的苦与乐，由此萌生创业想法。2005 年毕业那年，他向家里借了 2 000 元，加上平时打工积累的 1 000 元，带着一位兼职中认识的阿姨一起种蘑菇。

食用菌收益没有预料的好，黄文越骑着三轮车到邕武路批发盆花或者在七星路批发鲜花到公园门口去卖。一次偶然的机会，他和在广西农职院函授的老乡在南国花园租了一个铺面开始做酒店绿化租摆业务。除了酒店绿化租摆业务，还接了一些酒店小绿化工程，两年的时间收获了第一桶金十几万元。

绿化工程项目越做越大，慢慢积累资金 60 万元，2010 年正式注册广西天德园林绿化工程有限公司，当时员工连他就 4 人，其中 3 人是从母校招聘的 06 届园林班学生，一个负责画图，两个负责施工。记得 2011 年遭遇台风，防城港高速路绿化工地原本种好的园林苗木全部倒伏，由于经验不足，在合同里没有免除自然灾害影响的损失，单是重新扶直乔木的工程就多花了 20 多万元，但是，黄文越凭借诚信在园林工程合作圈子留下口碑。做过的项目有军区干休所绿化工程、百色园博园、广昆高速/百色东互通（路口）到广西百色高速路休息区里的红七军碉像园、11 公里高速公路绿化工程、南宁市三塘考场绿化工程等，2014 年累计盈利 500 万元。

二、农业扶贫，助力乡村

广西金穗农业集团有限公司旗下的金穗生态园，位于隆安县那桐镇定典屯，是南宁市十二个重点打造的综合示范村之一，是一所集农事体验、科普教育、会务服务、休闲旅游、养生度假于一体的休闲农业与乡村旅游观光园。园区在壮族聚居村落的基础上建设，以广西壮族那文化为基础，融合了香蕉文化，打造万亩香蕉林、300 亩格桑花海、200 亩草莓园以及葡萄园、火龙果园、休闲垂钓园、烤天下烧烤园、壮乡民居、壮乡文化广场、会议中心、有机蔬菜种植采摘园等，在青山碧水中，是体验纯朴农家欢乐，享受壮乡特色美食不可多得的好地方。

2015 年，黄文越承包种植园区的格桑花海项目。原来的花海大地景观与传统的园林植物景观同质性强、且有养护管理造价高、植物材料有限、人工雕琢痕迹重、形式呆板等严重缺陷和短板。黄文越进行了大胆的调整。现在，模拟自然草甸花海的花卉混播景观不仅景观效果上充满自然纯朴的田园特色，还具有建植养护成本低、生态效益好、适用范围广等特点。因为他经营有方，格桑花海项目获得巨大成功(图 3-30)。

三、产业支撑，做大做强

黄文越投资做起了农家乐。最初抱着试试看的心理，建成餐厅、烧烤场，占地 3 亩，投入 20 万元，生意不冷不热。2016 年夏天来了一批特殊的客人，其中一位是原广西农业职业技术学院院长郑恒寿，郑院长知道是自己的学生开的餐馆很是开心，语重心长地帮他分析，利用好生态园这个发展平台，休闲农业不单是休闲的功能，最好有产业支撑，增加游人参与、科普等多功能体验。

做产业，他首先就想到做食用菌。现在我们看到他的悦心坊农庄占地 100 亩，庭院宽敞，环境优美，是一个集食用菌种植、果蔬种植、禽畜养殖、花卉苗木、休闲娱乐、餐饮及会议服务于一体的农业经济生态农庄。

2017 年春，公司食用菌种植场注册了一个和那文化很相衬的名字“那菇香”。那菇香是广西首家以食用菌为主的科普教育基地，园区以多元化规模种植食用菌为主，微生物科普教育为辅，秉持着“吃出健康才是好产品”的理念，在承续传统工艺的基础上引入绿色、健康、保健新概念，将食用菌种植与高科技完美的结合，创造出广西先进智能化食用菌种植基地。产量已达到月产鲜菌约 15 000 kg，供应广西区内各大批发市场和酒店。

2017 年 7 月，他抓住商机，在他的庄园做起了集装箱客栈，可满足公司年会、亲子活动、企业素质拓展等住宿需要，生意非常火爆(图 3-31)。

图 3-30　金穗生态园 300 亩格桑花景观

图 3-31　“那菇香”大门及集装箱客栈大门

2019 年 5 月，广西悦心坊生态农业有限公司与东兰县签订食用菌田园综合农业开发项目框架协议。同年 6 月，黄文越注册东兰贵隆生态农业科技有限公司，负责食用菌田园综合农业开发项目。该项目基地位于东兰县三石镇园艺场内，总投资 1.08 亿元，占地面积约 200 亩，以种植秀珍菇、羊肚菌等为主的珍稀食用菌，打造食用菌研发、生产、加工、销售、休闲观光为一体的食用菌田园综合农业基地。该项目对推动农业产业结构调整，发展山区农村经济，推进农业产业化经营，促进农业增效、农民增收，实现农业可持续发展有着十分重要的意义。该项目备受各大媒体关注报道(图 3-32 至图 3-34)。

图 3-32　2019 年 6 月 28 日，广西东兰贵隆生态农业科技股份有限公司首期食用菌产业园开园投产典礼在东兰县举行

广西东兰：产业园长出“脱贫菌”

新华社客户端
发布时间：20-05-09 18:19 新华社客户端官方账号

5月9日，在广西东兰贵隆生态农业科技有限公司食用菌产业园，工人在护理食用菌。2019年，占地总面积330亩的广西东兰贵隆生态农业科技有限公司食用菌产业园建成并投入使用，不仅为当地群众提供就业岗位，还带动部分村民种植食用菌实现脱贫增收。 新华社记者 陆波岩 摄

图 3-33　2020 年 5 月 9 日新华社报道

图 3-34　2020 年 11 月广东广播电视台“大爱有声 · 奔小康，我们在一起”公益传播活动报道

任务三　分析园林绿化养护创业项目

一、园林绿化养护项目的基础知识

园林绿化工作是一项长期而又系统的工作，需要养护人员根据植物生长的规律、植物品种的特点，在不同的季节、不同的生长阶段对植物进行灌溉、施肥、修剪以及病虫害防治管理等。所谓“三分种，七分养”，什么时候干什么，怎么做，需要达到什么效果，这是创业初期就必须要思考的问题。制定出一套行之有效的标准化园林绿化养护规则，是创业者们在创业初期就必

须拟定的目标。

二、园林绿化养护项目的行业标准

中华人民共和国住房和城乡建设部发布的《城市园林绿化养护管理标准》《园林绿化养护技术规范》《城市绿化养护管理考评标准》等行业标准，可以作为标准化园林绿化养护创业项目的规范。

三、园林绿化养护项目的项目概况

根据创业者的目标，可以把标准化园林绿化养护的创业项目分为三个阶段：初级阶段、中级阶段和高级阶段。初级阶段为对各个社区、各单位的绿化地进行养护；中级阶段为对国家三级以上公路的绿化养护；高级阶段为对公园、大型公共绿化及风景名胜区的绿化养护。

每个创业阶段也可对养护管理的质量标准进行分级，根据等级的不同和创业的阶段来制定养护的标准。

表 3-2　分级养护标准

项目	一级养护标准	二级养护标准	三级养护标准
养护质量标准	绿化养护技术措施完善，管理得当，植物配置科学合理，达到黄土不露天	绿化养护技术措施比较完善，管理基本得当，植物配置合理，基本达到黄土不露天	绿化养护技术措施基本完善，植物配置基本合理，裸露土地不明显
新建绿地养护标准	生长健壮，各种植物两年内达到正常形态	生长正常，各种植物三年内达到正常形态	生长正常，各种植物四年内达到正常形态
乔木养护标准	树冠完整美观，分枝点合适，枝条粗壮，无枯枝死杈；主侧枝分布匀称、数量适宜、修剪科学合理；内膛不乱，通风透光。树新梢生长健壮，叶片大小、颜色正常。在一般条件下，无黄叶、焦叶、卷叶，正常叶片保存率在 95% 以上。行道树无缺株，绿地内无死树	树冠基本完整，主侧枝分布均称、数量适宜、修剪合理，内膛不乱，通风透光。新梢生长正常，叶片大小、颜色正常，在一般条件下，黄叶、焦叶、卷叶和带虫尿、虫网的叶片不得超过 5%，正常叶片保存率在 90%以上	树冠基本正常，修剪及时，无明显枯枝死杈。分枝点合适，枝条粗壮，行道树缺株率不超过 1%，绿地内无死树。新梢生长基本正常，叶片大小、颜色正常，在正常条件下，有黄叶、焦叶、卷叶和带虫尿、虫网叶片的株数不得超过 10%，正常叶片保存率在 85%以上
灌木养护标准	绿篱、色块等修剪及时，枝叶茂密，整齐一致，整形树木造型雅观。花灌木开花及时，株形丰满，花后修剪及时合理。无缺株，绿地内无死树	绿篱、色块枝叶正常，整齐一致。花灌木开花及时、正常，花后修剪及时。无缺株，绿地内无死树	绿篱整齐，缺株率不超过 1%，绿地内无死树
花坛、花带养护标准	轮廓清晰，整齐美观，适时开花，无残缺	轮廓清晰，整齐美观，适时开花，无残缺	轮廓基本清晰、整齐美观，无残缺

续表 3-2

项目	一级养护标准	二级养护标准	三级养护标准
草坪及地被植物	覆盖率 99%以上,草坪内无杂草,草坪绿色期不得少于 300 天	覆盖率 95%以上,除缀花草坪外草坪内杂草率不得超过 2%。草坪绿色期不得少于 270 天	覆盖率 90%以上,除缀花草坪外草坪内杂草率不得超过 5%。草坪绿色期不得少于 240 天
垂直绿化	应根据不同植物的攀缘特点,及时采取相应的牵引、设置网架等技术措施,视攀缘植物生长习性,覆盖率不得低于 90%。开花的攀缘植物应适时开花,且花繁色艳	应根据不同植物的攀缘特点,采取相应的牵引、设置网架等技术措施,视攀缘植物生长习性,覆盖率不得低于 80%,开花的攀缘植物能适时开花	能根据不同植物的攀缘特点,采取相应的技术措施,视攀缘植物生长习性,覆盖率不得低于 70%。开花的攀缘植物能适时开花
病虫害控制	园林树木无蛀干害虫的活卵、活虫;在园林树木主干、主枝上平均每 100 cm^2 介壳虫的活虫数不得超过 1 头,较细枝条上平均每 30 cm 不得超过 2 头,且平均被害株数不得超过 1%。叶片上无虫粪、虫网。被虫咬的叶片每株不得超过 2%	园林树木有蛀干害虫为害的株数不得超过 1%;园林树木的主干、主枝上平均每 100 cm^2 介壳虫的活虫数不得超过 2 头,较细枝条上平均每 30 cm 不得超过 5 头,且平均被害株数不得超过 3%。叶上无虫粪,被虫咬的叶片每株不得超过 5%	园林树木有蛀干害虫为害的株数不得超过 3%;在园林树木主干、主枝上平均每 100 cm^2 介壳虫的活虫数不得超过 3 头,较细枝条上平均每 30 cm 不得超过 8 头,且平均被害株数不得超过 5%。被虫咬的叶片每株不得超过 8%

四、园林绿化养护项目的基本技能

本创业项目要求创业者除了掌握标准化园林绿化养护的知识外,对创业所掌握的基本养护技能也要有比较好的掌握。

(一)修剪技能

要求创业者对园林树木修剪应依据园林绿化功能的需要和设计的要求,在不违背树木的生长特性和自然分枝规律的前提下(特型树木除外),充分考虑树木与生长环境的关系,并根据树龄及生长势强弱进行修剪。

每年修剪树木前必须制定修剪技术方案,并对工人进行培训,认真贯彻后方可进行操作,做到因地制宜,因树修剪。

(二)浇水、排涝技能

创业者应根据当地气候特点、土壤保水、植物需水、根系喜水等情况,适时适量进行浇水,促其正常生长。

在雨季可采用开沟、埋管、打孔等排水措施及时对绿地和树池排涝,防止植物因涝至死。

(三)中耕除草技能

创业者应了解在植物生长季节要不间断地进行中耕除草,应除小、除早、除了。除下杂草要集中处理,并及时清运。

(四)施肥及土壤改良技能

创业者应根据园林树木生长需要和土壤肥力情况,合理施肥,平衡土壤中各种矿物质营养元素,保持土壤肥力和合理结构。

(五)病虫害防治技能

创业应对常见的园林植物病虫害有所了解,掌握不同病虫害的有效防治方法,并能够在病虫害大规模发生前加以防治,使植株生长健壮,以增强抗病虫害的能力。对于危险性病虫害,一旦发现灾情应及时上报主管部门,并迅速采取扑灭措施。

五、园林绿化养护项目的市场前景

园林绿化养护的标准化是目前园林行业的发展趋势之一。统一的标准、行之有效的管理办法能够缩短创业者在园林绿化养护过程中与客户烦琐的沟通,提升工作的效率。

(一)标准化的管理有利于解决园林绿化水平参差不齐的现象

目前,园林绿化行业的专业技术人才尚不能完全满足社会的需求,很多园林绿化养护企业大多数都是务工人员,专业知识匮乏,若没有统一的标准,往往会造成养护效果参差不齐。因此,制定标准统一的园林绿化养护准则,有利于提高园林养护的工作效率,提高养护的效果。

(二)标准化的管理有利于管理者更好地进行成本和利润的核算

标准是集合了管理者多年的智慧和经验的结晶,它代表了最好、最容易、最适合的操作方法,标准的有效执行,能够有效地提高生产效率。按照标准操作能够使管理者对工程量进行清晰的核算,能够更好地掌握成本,提高工作的效率,并且能够减少浪费、减少损耗。

(三)标准化的管理有利于技术的累积

标准化的管理,可以防止因人员的流动,导致技术的流失。并且在管理的过程中还能将好的技术,逐渐积累,适时的修改标准,使得新的技术,好的管理方法能够得以充分运用,有利于公司的管理。

六、园林绿化养护项目的创新思路

园林绿化养护的标准化,已经是园林行业的一个前进方向。因此,创业者从零开始就执行标准化管理,对于适应行业的发展,尽快地成长为园林行业的先锋军有着非常重要的意义。该项目以创新管理模式为主要方式,如养护管理承包化、养护管理制度化、管理人员技术化、养护工作报告制、苗木采购招标制、绿化维护考核制等。

七、园林绿化养护项目的运营模式

1. 家庭经营模式

家庭经营是指以家庭为单位独立或相对独立从事生产经营活动。家庭经营模式是创业初期比较常见的一种经营模式,其优点是:这种经营方式具有很大的弹性,经营模式较为灵活。

2. 合作经营模式

合作经营通常是指两个或两个以上的企业基于合同进行合作,共同从事园林绿化养护的经营，合作者之间依合同的约定投入资金、技术或设备以及劳务，并依合同的约定分享权益和分担风险。其优点是：这种经营方式具有比较好的启动资金来源，能够较快地扩大经营范围，相对单独经营来说，风险均摊，创业者承受的风险较小。

任务四　分析绿化苗木基地创业项目

一、绿化苗木基地项目的基础知识

随着国家建设的高速发展，对绿化苗木的需求越来越大，由此我国绿化观赏苗木产业的规模也随之扩大，目前，国内绿化苗木的生产面积已接近 2 000 万亩。据调查显示，75%左右的花木生产面积掌握在跟风定位和非标准化生产的小型企业和散户手中。传统的大中型苗木园林企业和其他新进入苗木行业的大中型基地，部分是按照标准化来建立的，但标准化的总面积还不到全国花木生产总面积的 20%。我国的绿化苗木业长期以来处于凭经验种植繁育的状态，苗木产品良莠不齐，影响了整个苗木行业的进步。缺乏统一的规格和统一的质量标准是目前绿化苗木最为突出的问题，缺少标准化的支撑，这严重地制约了我国的苗木生产。

国际上，绿化苗木的标准化生产早已有了稳定的基础，新入绿化苗木行业的创业者们，若想尽快在行业内站稳脚跟，在创业初期推行标准化生产，按照各类型园林工程所需的商品规格和品质要求来生产，尽快与行业接轨，是非常有必要的。

二、绿化苗木基地项目的行业标准

主要的标准化绿化苗木的资料有《城市绿化常用苗木标准》《城市园林绿化工程施工及验收规范》《主要花卉产品等级》等，可以参考这些行业标准来进行标准化绿化苗木基地创业项目的规范。

三、绿化苗木基地项目的项目概况

根据创业者的目标，可以把标准化园林绿化养护的创业项目分为三个阶段：初级阶段、中级阶段和高级阶段。初级阶段为成本较低的小盆栽类家庭阳台绿化苗木生产；中级阶段为花坛、花境盆栽花卉和小型灌木的生产；高级阶段为各种园林景观绿化苗木生产。

（一）初级阶段

创业者在初级阶段资金相对较少，抵御风险的能力较低，客户来源较少，此时选择成本较低，生产周期较短，销售速度相对较快的时令花卉和小型盆栽。

可供选择的时令花卉和小型盆栽有：

一二年生花卉：矮牵牛、万寿菊、孔雀草、波斯菊、何氏凤仙、鸡冠花、一串红、鼠尾草、繁星花等；

多年生花卉：多肉多浆类植物、木春菊、月季、萱草、蔓长春、常春藤、巴西野牡丹、鸢尾以及大多数的萌生观叶植物等等。

(二)中级阶段

此时,创业者累积了一定的资金,且在栽培技术及客户来源上也有了较大的进步,此时可以承接一些大型的花坛、花境盆栽花卉的生产及小型灌木的生产。

可供选择的小型灌木有:龙船花、栀子、非洲茉莉、鸳鸯茉莉、假连翘、福建茶、扶桑、茶花、杜鹃花等等。

(三)高级阶段

在积累了一定的资金及苗木生产的经验后,创业者可以在经过市场调查后决定是否扩大自己的经营。将投资目标定位为生产园林景观绿化苗木。甚至开展科研培育新品种。

园林苗木生产的范围较大,创业者可以根据当地的地理条件、气候条件来选择生产的苗木。

四、绿化苗木基地项目的基本技能

本创业项目要求创业者除了掌握标准绿化苗木的生产知识外,还需对国内的花卉生产的标准以及通过这些标准来推广运用在其他苗木的生产上。

(一)绿化苗木的生产技能

要求创业者掌握绿化苗木生产的技能,其中包括:

1.了解不同种类绿化苗木生长发育的特点

一二年生花卉、多年生花卉、宿根花卉、球根花卉、多肉多浆植物等,每种花卉都有其生长方式,因此苗木生产者需根据自己所种植的花卉种类的特性来安排生产。

2.了解绿化苗木与环境因子的关系

植物赖以生存的主要环境因子包括温度、光照、水分、土壤、大气以及生物因子。绿化苗木的生长发育除了与自身的遗传特性有关外,还决定于外界的环境因子,因此绿化苗木栽培的成功与否,主要取决于栽培者如何调节绿化苗木与环境因子之间的关系。

3.了解绿化苗木的繁殖技术

既然是创业,繁殖绿化苗木是创业者们的必备技能。不同种类或品质的绿化苗木,有其不同的繁殖方法,对于不同的绿化苗木应适时地应用正确的繁殖方法,我们常见的繁殖方法主要有:有性繁殖、无性繁殖、孢子繁殖、组织培养等。

4.了解绿化苗木的栽培管理技术

不同种类的绿化苗木在栽培管理上有什么异同,这是管理者们必须清楚的,栽培管理包括露地苗木的管理、温室大棚苗木的管理以及是否采用无土栽培技术进行栽培。

5.病虫害防治技能

创业者应对常见的绿化苗木病虫害有所了解,掌握不同病虫害的有效防治方法,并能够在病虫害大规模发生前加以防治,使植株生长健壮,以增强抗病虫害的能力。对于危险性病虫害,一旦发现灾情应及时上报主管部门,并迅速采取扑灭措施。

(二)了解目前国内外的绿化苗木标准

1.国内绿化苗木标准

2000年11月16日国家技术监督局发布了花卉系列的7个标准,从2001年4月1日开始实施。

标准的标准号和标准名称如下:《主要花卉产品等级　第一部分:鲜切花》(GB/T 18247.1)、《主要花卉产品等级　第二部分:盆花》(GB/T 18247.2)、《主要花卉产品等级　第三部分:盆栽观叶植物》(GB/T 18247.3)、《主要花卉产品等级　第四部分:花卉种子》(GB/T 18247.4)、《主要花卉产品等级　第五部分:花卉种苗》(GB/T 18247.5)、《主要花卉产品等级　第六部分:花卉种球》(GB/T 18247.6)、《主要花卉产品等级　第七部分:草坪》(GB/T 18247.7)。

这些标准主要规定了一级品、二级品和三级品的质量等级指标,创业者们可以根据这些指标来生产相应的绿化苗木,并以此作为标准,推广到其他的绿化苗木上。

国家在这些统一制定的标准外,还陆续颁布了其他主要常见绿化苗木的标准,如《杜鹃盆花产品质量等级》《山茶花盆栽技术规程》《输欧盆栽植物检疫规程》《进出境植物盆景检疫规程》《红花玉兰苗木繁育技术规程》《桂花苗木质量分级》等有关绿化苗木生产的标准规程。

2.国外绿化苗木标准

国外对绿化苗木有着严格的标准,苗木的销售定价按照苗木的规格来决定,不会出现同一价格的苗木高矮不一、粗细不一的现象。

我国在对外苗木的销售过程中,曾经出现因规格不统一被国际客户退货的现象。国外苗木生产企业大多以容器苗作为标准化的生产,其专业化、机械化、自动化程度非常高,往往出现一个公司只生产一种或几种绿化苗木的现象。

五、绿化苗木基地项目的市场前景

生产符合园林景观设计需求的绿化观赏苗木商品是生产者的首要抉择。我国目前生产的个体成批苗木达不到整齐一致,如行道树的树干弯曲、高矮不一、胸径粗细不一;有些苗木甚至太小或者规格虽大却达不到园林绿化的要求。各苗圃生产的绿化苗木缺少统一的质量标准,苗木出圃方与验收方常因产品检验要求标准不统一而发生矛盾。因此,提高园林绿化苗木生产质量和标准化程度是我国绿化苗木生产企业急待解决的问题。目前,我国的园林绿化苗容器栽培刚处于起步阶段,与国外还有很大的差距,因此拥有巨大的商机。

六、绿化苗木基地项目的创新思路

目前,我国大部分从业者是根据市场流行和畅销的植物来选择生产品种,对自己所在地的各种条件是否适合生产,引进品种的商品标准是否适应市场需求存在较大的盲目性。因此,标准化绿化苗木的生产对于创业者们来说是一个巨大的挑战,同时也拥有着巨大的机遇。因此,在创业初期,创业者们需全盘合理地选择适合本地区的品种,合理安排生产管理,建立全面的日志记录和历史档案,同时可以思考把常用树种种成特异造型占据一席之地。

1.乔木做成灌木化(图 3-35 至图 3-37)

图 3-35　白玉兰的灌木化

图 3-36　木麻黄的灌木化

图 3-37　白千层的灌木化

2.灌木做成乔木化(图 3-38、图 3-39)

图 3-38　红叶石楠乔木化

图 3-39　双夹槐乔木化

3. 苗木做成异形化(图 3-40)

图 3-40　海枣仿风化树形设计

4. 单杆树种多杆化(图 3-41)

图 3-41　香樟、秋枫、白玉兰等单干树种种成多杆形式

5. 模块化苗木(图 3-42)

图 3-42　垂叶榕、小花紫薇做成建筑、字体、花瓶等造型的模块苗木

6. 原生态模式(图 3-43)

图 3-43 树抱石造型苗木

七、绿化苗木基地项目的经营模式

1. 家庭经营模式

家庭经营是指以家庭为单位独立或相对独立从事生产经营活动。家庭经营模式是创业初期比较常见的一种经营模式,其优点是:这种经营方式具有很大的弹性,经营模式较为灵活。

2. 合作经营模式

合作经营通常是指两个或两个以上的企业基于合同进行合作,共同从事园林绿化养护的经营,合作者之间依合同的约定投入资金、技术或设备以及劳务,并依合同的约定分享权益和分担风险。其优点是:这种经营方式具有比较好的启动资金来源,能够较快地扩大经营范围,相对单独经营来说,风险均摊,创业者承受的风险较小。

【他山之石】

立志做广西花卉景观行业引领者

广西农业职业技术学院骆彦芹(园艺 2000 届)、沈美勤(园艺 2001 届)、覃兰妹(园艺 2002 届)3 人,本着对专业的热爱和行业经验积淀,在 2007 年 4 月和其他 2 名股东合伙成立了南宁市卉芜园林有限责任公司,经过十三年的发展,公司现拥有专业的技术人员 40 余人,是集种子代理、穴盆育苗、盆花生产、立体造景器材及园林资材销售、立体造景设计、施工于一体的花卉造景及立体绿化专业服务机构,是中国花卉协会景观分会理事单位,广西花卉协会副会长单位,是广西最早大面积推广国外优秀草花品种的机构之一,目前为世界最大草花种子公司——美国泛美种子广西代理商,是中国立体绿化第一品牌“索尔”广西办事处,同时还是广州黄谷环保科技有限公司广西生产基地。

公司建有两个花卉生产基地:基地一:武鸣伊岭岩花卉基地。花卉基地自 2011 年成立以来,先后投入 2 000 多万元,至今已建设成为占地 300 亩,年可生产盆花 1 000 万盆、穴盘苗

1 000 万株，一次性可生产盆花 100 万盆、穴盘苗 500 万株，屋顶绿化植物 10 000 m^2，5 000 m^2 花卉品种和立体容器展示区的大型花卉基地。基地按照都市型现代农业发展思路和标准化生产要求，大力发展现代化高标准花卉种植产业，基地内现引进有一条意大利 Mosa 电子式滚筒播种线、100 m^2 专业花卉催芽室、3 000 m^2 智能温室、1 000 m^2 炼苗温室、6 000 m^2 普通种植大棚。基地先后被评为“广西壮族自治区农业标准化生产技术示范基地”“广西花卉苗木观光基地”、南宁市“科普惠农兴村计划”农村科普示范基地。基地二：南宁市三塘镇路东村杨柳坡生产基地，主要生产花卉种苗、一二年生草本花卉、小灌木，年产量 500 余万株（盆）。

公司主要与各地产公司、旅游项目、市政项目进行合作，营造较高质量的花卉景观。曾先后承接了南宁“两会一节”、广西园艺博览会、荣和集团、保利地产、中国铁建凤岭山语城、百色平果铝、南宁市政、来宾市政、防城港市政、河池市政等百余个项目的绿化美化设计、营造和维护工程以及定制阳台景观工程，其销售渠道与时俱进，是淘宝、美团优选时令盆花的主要供货商。

2017 年通过造景引流、微信营销，成功吸引 6.3 万人参观其花卉造景展示区，成为当年南宁市及周边地市县网红旅游打卡胜地（图 3-44）。

图 3-44　南宁市卉芜园林有限责任公司花卉造景案例

实训任务三　撰写市场营销计划和预测企业销售量

一、实训目的

(1)了解营销"4P"理论的内容,学会在确定项目、市场分析的基础上,制订市场营销计划;
(2)了解企业销售预测的方法,掌握销售预测的方法。

二、基本知识点

(一)营销"4P"理论

制订市场营销计划之一的方法可以从"4P"理论入手,"4P"营销四要素:产品(product)、价格(price)、渠道(place)、促销(promotion),"4P"理论是营销策略的基础。

1. 产品的组合

主要包括产品的实体、服务、品牌、包装。它是指企业提供给目标市场的货物、服务的集合,包括产品的效用、质量、外观、式样、品牌、包装和规格,还包括服务和保证等因素。

2. 定价的组合

主要包括基本价格、折扣价格、付款时间、借贷条件等。它是指企业出售产品所追求的经济回报。

3. 分销的组合

主要包括分销渠道、储存设施、运输设施、存货控制,它代表企业为使其产品进入和达到目标市场所组织实施的各种活动,包括途径、环节、场所、仓储和运输等。

4. 促销的组合

是指企业利用各种信息载体与目标市场进行沟通的传播活动,包括广告、人员推销、营业推广与公共关系等等。

以上"4P"(产品、价格、渠道、促销)是市场营销过程中可以控制的因素,也是企业进行市场营销活动的主要手段,对它们的具体运用,形成了企业的市场营销战略。

(二)产品生命周期

产品生命周期(product life cycle)观念,简称 PLC,是把一个产品的销售历史比作象人的生命周期一样,要经历出生、成长、成熟、老化、死亡等阶段。就产品而言,也就是要经历一个开发、引进、成长、成熟、衰退的阶段。

1. 产品开发期

从开发产品的设想到产品制造成功的时期。此期间该产品销售额为零,公司投资不断增加。

2. 引进期

新产品新上市,销售缓慢。由于引进产品的费用太高,初期通常利润偏低或为负数,但此时没有或只有极少的竞争者。

3. 成长期

产品经过一段时间已有相当知名度，销售快速增长，利润也显著增加。但由于市场及利润成长较快，容易吸引更多的竞争者。

4. 成熟期

此时市场成长趋势减缓或饱和，产品已被大多数潜在购买者所接受，利润在达到顶点后逐渐走下坡路。此时市场竞争激烈，公司为保持产品地位需投入大量的营销费用。

5. 衰退期

这期间产品销售量显著衰退，利润也大幅度滑落。优胜劣汰，市场竞争者也越来越多。

三、实训步骤

(1)通过图书查阅和网络搜索等途径开展调查。

(2)填写表格 3-3 至表 3-10。

(3)师生交流并评分。

四、市场营销计划书的填写

(一)市场营销计划——产品(服务)

1. 产品(服务)的特点分析

根据选定的创业项目，选择其中一款产品或服务，如产品分析可以从设计构思、功能特点、产品用途、附加价值、开发技术、生产制造、品质质量等方面进行分析；服务可以从态度、效率、质量、安全等进行分析，并填入表 3-3。

表 3-3　产品(服务)的特点分析表

分析项目	分析结果
设计构思	
产品用途	
附加价值	
开发技术	
品质质量	
产品安全	

2. 分析产品的市场生命周期或企业的生命周期

根据产品的市场生命周期理论，调查市场相类似产品的生命周期曲线，并将调查结果填入表 3-4。

表 3-4　产品生命周期表

时期	销售及利润情况
进入期	
成长期	
饱和期	
衰退期	

(二)市场营销计划——产品(服务)定价

在表 3-5 的第一行中填入你企业的所有产品或服务；在表 3-5 的第一列中填入你企业的特征，行或列超过 4～5 项，请自行增加，并完成表格。

表 3-5　产品(服务)定价表

特征 内容 产品或服务				
竞争者的平均价格				
我的预测成本				
定价的理由				
……				

(三)市场营销计划——企业选址地点

根据不同行业选址考虑因素，拟定企业的经营范围，并将选址原因一并填入表 3-6。

表 3-6　选址调研表

经营范围	选址原因

(四)市场营销计划——促销调研

促销是一项与顾客沟通并吸引顾客来购买你的产品的活动。促销有很多方式，也需要花钱，如广告投入、活动经费等，请调研你未来的竞争者，看看他们用哪些方式促销，找到适合你企业的促销方式。填表 3-7。

表 3-7　促销调研表

促销方式	促销内容	费用

五、企业投资预测及销售量预测练习

(一)列出拟建的企业的启动资金

1. 固定资产

预测固定资产,填写表 3-8。

表 3-8 固定资产预测表

项目	名称	数量	单价	总费用
工具和设备				
交通工具				
办公家具和设备				
店铺				
厂房				
土地				
合计				

2. 流动资金及其他经营费用

预测流动资金及其他经营费用(不包括折旧和贷款利息)填写表 3-9。

表 3-9 流动资金及其他经营费用预测表

项目	名称	数量	单价	总费用
原材料				
业主工资				
雇员工资				
租金				
营销费用				
维修费用				
登记注册费用				
其他				
合计				

(二)预测销售量

列出拟建的企业一年的销售量预测清单,填入表 3-10。

表 3-10　销售量预测表

产品或服务金额		月份											
		1	2	3	4	5	6	7	8	9	10	11	12
1	销售数量												
	平均单价												
	月销售额												
2	销售数量												
	平均单价												
	月销售额												
3	销售数量												
	平均单价												
	月销售额												
合计	销售总量												
	总收入												

六、任务评价

教师对每个小组的任务实施结果进行评价，填写评分表 3-11。

表 3-11　评分表

序号	评价项目	评分标准	分值%	得分
1	产品（服务）的特点分析	1. 内容合理 2. 符合市场规律 3. 促销方式有新意 4. 预测数据计算准确	10%	
2	产品生命周期		10%	
3	产品（服务）定价		10%	
4	选址调研		10%	
5	促销调研		20%	
6	固定资产预测		10%	
7	流动资金及其他经营费用预测		10%	
8	销售量预测		20%	
总分				

项目四

撰写创业计划书与项目评估

凡事预则立，不预则废。

——《礼记·中庸》

学习目标

- 掌握创业计划书的结构要素，学会撰写创业计划书；
- 了解企业的申办流程；
- 了解与企业相关的法律和创办企业要承担的法律责任；
- 了解中国"互联网＋"大学生创新创业大赛的要求。

任务一　认知创业计划书

一、创业计划书的要素

创业计划书，应该是凝聚创业者智慧的成功钥匙，更应该成为创业者向投资者展示自我的绝佳机会。想让别人为你的构想掏钱，你一定要有一份具备足够说服力的创业计划书，而在这份创业计划书中，下面的十个要素一个都不能少。

(一)摘要

摘要是全部计划书的核心，是创业计划书的精髓，包括以下内容：公司介绍，主要产品和业务范围，市场概况，销售计划，生产管理计划，管理者及其组织、财务计划，资金需求状况等。

(二)公司介绍

创业者要创立一个什么样的公司，现在情况如何，以及未来发展规划。

(三)产品和服务

你的产品和服务是什么？站在客户的角度来看，这个产品是不是有价值？举个例子，有这样一份由在校大学生制订的创业计划书，他们的市场是为大学生提供电子产品，这样的定位还是比较准确的，可是在这份计划书的最后，他们又列举了10个网站是出售这些产品的。但是在他们的计划书中就没有明确指出，他们和那10个网站有什么不同，他们的价值比那10个网站高在哪里。

（四）市场和行业

你的想法在市场上能否奏效？这个市场发展有多快？这是一个集中的市场，还是一个分散的市场？你的目标市场是谁？

（五）市场营销

你如何将这些产品和服务递交到客户手中呢？例如，如果你面对的客户是消费者，那么你就要注重广告这方面，如果你面对的客户是企业，你就要注重销售人员这方面。

（六）管理队伍

风险投资公司对你投资与否，很大一部分取决于管理人员的素质。

（七）学习途径

任何一个计划在最初都不可能十分完善，需要随着时间的推移而逐步完善。

（八）财务规划

财务规划一般包括财务规划的条件假设，预计的资产负债表，预计的利润表，资金需求表等。

（九）风险因素

你的风险有多大？风险来自各个方面，有市场风险，有执行计划中的风险。

（十）筹资需要

作为一个创业者，在选择投资者时要非常谨慎。在今天，金钱已经成为一种商品，你在任何地方都能得到这种商品，但更重要的是金钱以外的东西。实际上投资人不仅仅能带来资金，他们还能带来像政府关系和技术这类服务。所以你一开始就要想清楚你需要投资者给你带来什么。

二、创业计划书撰写的关键

（一）以鲜明性吸引投资者

1. 创新性

创新性体现在产品的创新，如推出新产品、采用新的生产工艺、开辟新市场、运用新材料和新能源。

2. 商业价值

合理分析产品市场需求、市场现状，预测市场容量以凸显产品价值。

3. 技术领先

技术先进意味着该产品不仅仅在国内技术先进，而且在国外也同样保持先进的地位。只有产品具有技术壁垒，才不可能被轻易复制。

4. 产品可行性

技术再先进，如果不能转化为实在的产品也是没用的。一个好的产品只有实在地制造出来，并销售出去才能创造利润。

5. 盈利模式

投资者很关注项目的盈利性，一个新的盈利模式常常是项目制胜的法宝。

（二）以条理性引导投资者

1. 结构清晰

创业计划书通常内容较多，会比较厚，评委不可能有时间从头到尾将创业计划书通读，他们常常会关注计划书的结构，然后挑自己感兴趣的部分浏览，希望从计划书中找到自己疑问的答案，因此要求创业计划书结构清晰。

2. 内容清晰

我们的创业计划书是给投资人看的，在撰写过程中，应该用简洁明了的语句进行描述，复杂的描述不如利用图表和插图，使表达的意思更加清晰明了，切莫通篇都是文字。

3. 形式配合内容，重点突出

创业计划书的设计应该从色彩、字体、图案等多方面考虑，重点突出，让阅读者有愉快的享受，在千万份计划书中脱颖而出。

（三）以客观性打动投资者

计划书中的方案要在现实的数据分析、详细的调查研究、严密的逻辑推理的基础上制定出来。

（四）以严密性取信投资者

严密性是指整本创业计划书的逻辑清晰，结构严谨，前后呼应，全篇形成统一的风格。

（五）以可行性说服投资者

包括环境、技术、组织、财务的可行性以及风险因素的应对要合情合理，因此做计划书之前要充分做好调研，客观分析结果。

任务二　认知企业申办流程

一、企业注册登记流程

创办新企业，首先得给它一个明确的法律地位。根据中国法律规定，新办企业必须经市场监督管理局核准登记，发给营业执照并获得有关部门颁发的经营许可证（如卫生、环保、特种行业许可证等）。营业执照是依照法定程序申请的，企业只有领取了营业执照，才可以开展各项法定的经营业务。

（一）企业名称查询

首先在工商行政网进行网上企业查名，一般格式是地区名＋企业名＋行业名＋有限公司。为了避免重名，一般准备 2～5 个企业名称。待网上查名检验通过后，从工商行政网打印一套企业名称预先核准申请书，携带申请书上要求的材料、填写完毕直接到工商局提交申请。审核通过，同意预先核准，工商局打印“企业名称预先核准通知书”。

（二）经营范围中有需特种许可经营项目，报送审批

如有特殊经营许可项目还需相关部门报审盖章，特种行业，许可证办理。根据行业情况及相应部门规定不同，分别分为前置审批和后置审批。（特种许可项目涉及，如：卫生防疫、消防、治安、环保、科委等）

（三）验资

即按照《公司法》规定，企业投资者需按照各自的出资比例，提供相关注册资金的证明，通过会计师事务所进行审计并出具“验资报告”。

（四）申领三证

根据国务院发布的《关于促进市场公平竞争维护市场正常秩序的若干意见》，我国自 2015 年 10 月 1 日起，实行营业执照、组织机构代码证和税务登记证三证合一制度。企业和个体工商户只需按《市场主体准入登记“三证”材料清单》要求，在办证大厅便民服务中心市场准入登记窗口递交一套申请材料，工商、质监、国税、地税等部门通过网上并联审批系统完成部门之间的数据交换和传输，实现同步联动审批。

（五）刻章

拿到营业执照后可以到正规的刻章铺区刻章：公章、财务章、法人章、全体股东章、公司名称章等（隔天），刻章的店铺会代为备案。

（六）银行开设企业基本账户

企业设立基本账户应提供给银行的材料：

在开设银行基本账户时，可根据自己的具体情况选择银行。

（1）营业执照正本原件、并复印件 3 张。

（2）公司公章、法人章、财务专用章。

（3）法人身份证原件，并复印件 3 张。

（4）企业撤销原开户行的开户许可证、撤销账户结算清单、账户管理卡。

一般一个星期后可到开户行领取基本账户管理卡。

备注：企业有销户凭证的，应在开户时一并交于银行，如非企业法人亲自办理还需代理人的身份证原件。以上材料为通常银行所需，如果开户银行有新要求或新规定企业应以银行为准。

（七）申请发票购用簿

由企业向所在税务局申请，领取由当地国家税务总局和地方税务局共同监制的发票购用印制簿，企业申领发票时，必须向税务机关出具发票购用印制簿。

（八）企业开设纳税专户

（1）公章、法人章、财务专用章。

（2）法人身份证复印件。

（3）基本账户管理卡。

（4）填写纳税专户材料。

(九)购买发票开业,进入实际公司经营阶段

(1)发票购用簿及填定发票申请报批准表。

(2)办税人员(一般为财务人员或企业法人、职员等)的身份证、证件照2张、办理发票准购证。带好公章、法人章、发票专用章、营业执照原件。办税人员本人和公司财务负责人员同去税务部门,第一次领发票需法人代表签字,即需要法人同去税务部门。

二、遵纪守法办企业

作为创业者要清楚与企业相关的法律法规,同时要诚信经营赢得客户信任,尊重竞争对手,力争立足行业、为自己营造一个良好的生存发展空间。

1. 与新办企业相关的法律

与新办企业相关的法律见表4-1。

表4-1 新办企业相关的法律

法律名称	相关基础内容
企业法	公司法、个人独资企业法、合伙企业法、个体工商户管理条例、乡镇企业法等
民法通则	个体工商户、农村承包经营户、个人合伙、企业法人、代理、财产所有权、知识产权、民事责任等
合同法	一般合同的订立、变更和转让、违约责任等
劳动法	促进就业、劳动合同、工作时间和休息休假、女职工和未成年工特殊保护、职业培训等

2. 与企业相关的其他法律

会计法、税法、产品质量法、消费者权益保护法、环境保护法等。

实训任务四 撰写创业计划书与项目评估

一、实训目的

(1)根据课程前面积累的基础材料,完成一份完整创业计划书。

(2)掌握创业计划书撰写要点。

(3)了解“互联网+”大学生创新创业大赛参赛要点及项目评估要点。

二、实训步骤

(1)开展讨论。

(2)撰写计划书 参看附件1:“互联网+”大学生创新创业计划书大纲。

(3)制作创业计划书PPT

将撰写完成的创业计划书制作成PPT,注意不是计划书的全部呈现,内容方面主要选择项目概要、市场痛点、产品创新点、市场分析、商业模式、盈利方式、财务预测、企业组织结构等;

PPT 设计方面要求图文并茂，文字精练，风格统一，色彩协调。

(4)项目路演　每个项目选择两名成员上讲台，考核环节包括项目展示讲解和答辩，要求路演人表达清晰、台风大方；答辩人应变敏捷，熟悉计划书和专业知识。

(5)项目评估。

(6)修改与完善计划书，上交计划书和 PPT。

三、任务评价

(一)书面评审

书面评审主要集中于创业计划书的正文部分，根据创业计划书各章节内容的文字阐述，判断创业者对具体产品、服务的定位是否准确；市场判断是否准确；经营策略是否准确；预算方案是否适当等，进而判断出整个计划书是否完整、具体、深入、可行。大致权重如下：

教师对每个小组的任务实施结果进行评价，填写评分表(表 4-2)。

表 4-2　项目评分表

序号	评价项目	评分分值	得分	备注(点评用)
1	执行总结	10		
2	团队组成	5		
3	产品、服务的技术特点	25		
4	市场分析	10		
5	竞争策略	10		
6	营销策略	5		
7	经营策略	5		
8	财务分析	10		
9	融资方案	5		
10	关键风险和问题	5		
11	书面规范	10		

(二)陈述评审

陈述包括两个部分，首先是讲解，尽量用视听设施(PPT/视频等)；其次是答辩。

表 4-3　陈述评分表

序号	评价项目	评分分值	得分
1	口头表达能力	60	
2	答辩能力	40	

(三)综合评定

教师根据以上综合表现给项目组评分，填表 4-4。

表 4-4　综合评分表

序号	评价项目	小计	评分分值/%	得分
1	团队协作		30	
2	书面评审		50	
3	陈述能力		20	
总分				

附　件

附件 1　中国“互联网＋”大学生创新创业计划书大纲

（提示：参赛项目类型及要求请参看当年大赛官网通知，

计划书内容根据项目的具体特点进行增减）

“互联网＋”大学生创新创业

大赛项目计划书

项目名称：________________________

项目类型：________________________

团队成员：________________________

指导教师：________________________

申报日期：________________________

目　录

1　项目概述(800字以内)

产品或服务的名称及特性、所属产业、趋势及特征;项目的市场需求和趋势、营销的基本策略;公司的组织和管理、项目的筹资和投资计划以及效益评价结果;项目风险投资者的撤出方式和预计效益;项目的基本结论和建议。

2　项目背景

包括项目背景、产业背景,所从事行业目前的发展状况及存在的机遇。

3　公司简介

3.1　公司概述

包括公司 logo 的介绍以及公司的经营理念等。

3.2　公司现状

包括公司目前取得的技术成果、营收情况等。

3.3　发展规划

包括公司未来发展的目标、方向。

4　产品与研发

4.1　产品/服务介绍

突出产品/服务的创新点及前景

4.2　知识产权情况

公司取得的相关技术专利、著作权。

5　市场分析

目标市场(按功能、地理位置、人群等方面分);市场容量(二手资料与调查相结合);竞争对手和竞争产品;政策方针和 SWOT 分析。

6　风险分析

分析资金、技术、市场、环境、管理等存在的风险和规避方案。

7　公司战略

初期(1～3年):建立品牌,扩建营销网络,开发产品。

中期(4～6 年)：增大市场占有率。

后期(5～10 年)：领先地位和水平及迭代产品。

8　市场营销

包括目标市场、产品、定价方法、定价战略、新产品定价战略、分销战略、促销策略等。

9　财务分析

9.1　股本结构和规模

根据公司财务预算，拟定公司注册资本为××万(可有风险投资部分)。股本结构和规模如表 9-1 所示。

表 9-1　公司初始股权构成表

姓名	投资额(单位：万元)	投资比例(%)	出资方式

9.2　资金来源与运用

资金主要来源于股东投资××万，其中以货币资金入股×× 万元，以固定资产入股××万元，以无形资产入股×× 万元，长期借款××万元，总计××× 万元。股东投入货币资金××万元主要用于固定资产、流动资产的投资和支付开办费用。包括购置生产设备，生产中所需的直接原材料、直接人工、制造费用、开办费和日常办公费等其他各类期间费用。长期借款××万元主要用于新产品研发和市场开拓等。资金来源及运用如表 9-2 所示。

表 9-2　资金来源及运用一览表　　单位：万元

	具体项目(货币资金来源)	金额
资金来源		
资金运用		

9.3 未来五年营收预测

未来五年营收预测可列表(表 9-3),也可以做成柱状图。

表 9-3 未来五年营收预测表 单位:万元

项目	2022 年	2023 年	2024 年	2025 年	2026 年
一、营业收入					
减:营业成本					
销售费用					
管理费用					
财务费用					
主营业务税金及附加					
二、营业利润:					
营业外收入					
营业外支出					
三、利润总额					
减:所得税费用					
四、净利润					

10 融资计划

项目总投入(目前项目已有的总投资,项目未来一年的融资计划及进展预测);资金用途(资金分阶段使用计划及用途)。

11 团队介绍

包括团队核心成员介绍、公司组织结构及人力资源配置、公司组织结构及职责。

12 项目其他附件材料

其他附件材料,如初创组和成长组须提供营业执照扫描件、专利证书、著作、政府批文、鉴定材料复印件等。

附件2　创业项目分析课程标准

课程名称：创业项目分析

适用专业：风景园林设计、园林工程、园林技术

授课系(部)：园林与建筑工程系

学分学时：2分，32课时

1. 课程性质和课程设计

1.1　课程定位与作用

课程的定位：

创业项目分析课程是创新创业教育理念、教育原则转化为具体的创新创业实践的中介，也是大学创新创业型人才培养目标得以实现的桥梁。创业项目分析课程是创新创业教育的核心课程之一，其目的是通过本课程的学习，学生的创业意识和创业素养有比较明显的提高；通过对创业案例分析与讨论，切实提升学生的创业能力并树立正确的创业成败观。学生需要培养善于思考、勇于探索的创新精神；敢于承担风险、挑战自我的进取意识；面对困难和挫折不轻易放弃的态度；识别机会、快速行动和善于解决问题的实践能力；善于合作、诚实守信、懂得感恩的道德素养。

课程的作用：

创业是当今社会发展的大趋势，是国家就业促进战略的重要组成部分。创业项目分析以课程教学和实践活动为主要载体，以开发和培养学生综合素质为目标，培养其未来从事创业实践活动所必备的意识、知识、能力。培养学生创业意识和创新精神，掌握创业技能，增强创业抗风险能力。以创新带动创业，以创业带动就业，形成良性就业环境，促进经济发展。

在教学过程中，教师应抓住全国"互联网＋"大学生创新创业大赛为契机，以赛促教，以赛促学，激发大学生创新创业热情，引导更多大学生投身创新创业。

与其他课程的关系：

创业项目分析是一门综合性、实践性很强的课程。创业培训除了要注重社会因素和学生因素，更要鼓励有条件的学生自主创业，尤其鼓励利用所学的专业知识创新、创业，所以专业基础课程、专业课程是基础。学好创业项目分析反过来又会促进学生更好地学习各科理论。所以创业项目分析与其他课程是相辅相成，互相促进的。

1.2　课程设计基本理念

创业项目分析是一门理论性、政策性、科学性和实践性很强的课程。坚持面向全体、注重引导、结合专业、强化实践的原则，遵循教育教学规律，坚持理论讲授与案例分析相结合、小组讨论与角色体验相结合、经验传授与创业实践相结合，把知识传授、思想碰撞和实践体验有机统一起来，调动学生学习的积极性、主动性和创造性，不断提高教学质量和水平。

将"课程思政"理念有效融入创新创业教育中。在"课程思政"理念引导下的高校创新创业教育，将知识与实践有效融合，培养具有高尚情操与拼搏精神的创新创业人才，培养适合国家

发展战略的新时代创新创业人才。

本课程的基本理念有：突出以学生为主体，从关注教到关注学，从关注知识传授到重视能力培养和素质培养，突出教育思想转变。采用真实案例启发学生对现实问题的思考，引导学生发现问题、提出问题、分析问题、解决问题的教学方法。对学生采用分组讨论、探究式教学方式等调动学生的自主性学习。为丰富教学素材，教师需准备大学生创业案例、创业信息资源等。

1.3 课程设计思路

把整个创业过程的教学演变成一个连贯的、具有实际操作的业务训练，按照"创业者自我分析和增强创业能力计划—挖掘和筛选企业构思—评估创业的市场—确定企业人员组织—确定企业法律形态—企业的法律环境和责任—预测启动资金—制订利润计划—判断企业能否生存—开办企业"的步骤设计教学，教学中穿插园林行业创新创业项目案例和思政案例，使得园林类专业的学生从结合自身专业优势出发，深入思考、挖掘项目。

2. 课程目标

本课程是面向我院园林与建筑工程系园林类专业限选课程，是对园林与建筑工程系学生进行创业教育的主渠道。参考教育部《普通本科学校创业教育基本要求（试行）》（高教〔2012〕4号）以及学校的人才培养目标和学生的实际情况，将本课程的教学目标确定为：通过创业项目分析课程教学，使学生了解开展本专业创业项目所需要的基本能力，熟悉本专业创业项目的流程和步骤，对依托本专业创业有清晰而全面的认识，激发学生的创业意识和企业家精神，提高学生的社会责任感、创新精神和创业能力。促进学生立足本专业开展创业、就业和全面发展。

2.1 课程知识目标

(1)掌握本专业创业者应具备的基本能力；

(2)掌握产生企业构思和筛选企业构思的方法；

(3)掌握制订市场营销计划的方法；

(4)能够选择适合企业的法律形态；

(5)掌握创业融资方法；

(6)掌握销售成本计划和现金流量计划；

(7)掌握现金流量的计算方法；

(8)了解实现成功创业需要注意的事项；

(9)掌握创业计划书撰写方法，掌握创业计划书所涉及的各个方面知识和方法的运用；

(10)了解园林行业中、小、微企业的创新项目要点。

2.2 职业能力目标

(1)诚实守信，认真负责，在工作中保持积极向上的职业精神和学习态度；

(2)能运用恰当的方法（如问卷调查、人物访谈等）进行资料的收集与市场调研及环境分析，发现商机，选择适合自己的创业项目或创业方向；

(3)学会结合自己的专业背景及资源环境，围绕确定的创业项目开展SWOT分析，并设计出营销策划方案；

(4)能结合具体的创业项目，分析和计算投资成本（如创业需要的设备、场地、人工、技术、水电和潜在的成本等），估算出投资额，进行投资分析；

(5)能带领团队开展融资，训练人员开展收益计算；

(6)能进行风险分析及判断，并选择应对风险的措施；

(7)能撰写创业计划书，并能领悟其各个环节；

(8)激励学生的创业激情，了解创业是一种生活方式；

(9)训练学生的创业能力，学会创新性的把握和处理未来工作。

2.3 思政目标

(1)培养学生热爱中国共产党、热爱祖国、热爱社会主义，理想信念坚定。

(2)培养学生遵纪守法、诚实守信、吃苦耐劳、讲职业道德和爱岗敬业精神。

(3)培养学生追求卓越、精益求精、严谨求实的工匠精神。

(4)培养学生规范意识和质量意识。

(5)培养学生安全意识和环保意识。

(6)培养学生具有良好的沟通能力和团队协作精神。

(7)培养学生树立使命感，推进当地农民脱贫与乡村振兴的责任意识。

(8)培养学生对园林行业项目创新创业意识、思维和能力，使其成长为心系社会并有时代担当的技术性、时代性的创新创业人才。

3. 课程内容设计与要求

3.1 课程内容

通过“以创业过程进行教学设计，以创业流程重组教学内容，以真实的创业任务为载体”的实战法为中心的“创学”结合模式，实现教学内容的“过程化、任务化、实战化”。

各学习项目以具体的创业项目为案例，通过对项目开展市场调研、效益分析、风险评估、分享成功创业经验，激发学生依托专业开展创业的激情。

3.2 学习项目设计

学习项目	项目一 构思园林景观行业创新创业项目	参考学时	6
主要学习目标	1. 了解创业、企业的概念，创新型企业的类型； 2. 懂得国家对大学生创业的优惠政策及园林景观行业的发展前景； 3. 学会分析创业条件，初步构思创业项目。		
工作任务	开发教学资源，搜集创业案例，讲授本模块内容，并组织学生开展分组讨论完成任务并分享成果，教师总结评价小组成果，教学过程中培养学生团队合作和良好职业道德和规范。		
教学条件	多媒体教学设备，教学课件，网络教学资源		
教学方法	讲授法、案例分析法、讨论法、头脑风暴法、练习法、角色扮演法		
考核方式	小组讨论效果、课堂纪律		

子任务名称	学习目标	参考学时
任务一 初探园林景观行业创业案例	1. 了解创业内涵，大学生创业优惠政策； 2. 企业概念及主要企业类型； 3. 评估自己的创业能力和财务状况。	2
任务二 认识园林景观行业创业环境	1. 了解园林景观行业相关企业、企业的概念； 2. 知道企业创新的层次、企业的法律形式； 3. 了解园林行业发展现状。	1

续表

任务三　评价园林景观行业创业条件	1. 了解从自身创业的能力、创业项目的选择方法、创业方式三方面选择如何创业； 2. 了解园林景观行业的未来发展趋势，加强本专业创业的信心。	1
实训任务一　构思创业项目	掌握挖掘好的企业构思的方法	2

<table>
<tr><td>学习项目</td><td colspan="2">项目二　园林景观行业微型企业的创新创业项目</td><td>参考学时</td><td>8</td></tr>
<tr><td>主要学习目标</td><td colspan="4">1. 了解园林景观行业微型企业的项目创新创业要点；
2. 了解创业团队的组织结构、分工，掌握市场调查与分析的方法；
3. 感受造园大师的爱国情怀和创新精神；
4. 感受国家政策对园林企业发展战略的影响。</td></tr>
<tr><td>工作任务</td><td colspan="4">开发教学资源，搜集创业案例，讲授本模块内容，并组织学生开展分组讨论完成任务并分享成果，教师总结评价小组成果，教学过程中培养学生团队合作和良好职业道德和规范。</td></tr>
<tr><td>教学条件</td><td colspan="4">多媒体教学设备，教学课件，网络教学资源</td></tr>
<tr><td>教学方法</td><td colspan="4">讲授法、案例分析法、讨论法、练习法</td></tr>
<tr><td>考核方式</td><td colspan="4">小组讨论效果、课堂纪律</td></tr>
<tr><td colspan="2">子任务名称</td><td colspan="2">学习目标</td><td>参考学时</td></tr>
<tr><td colspan="2">任务一　分析艺术景墙设计创业项目</td><td colspan="2">1. 了解艺术景墙设计的项目创新要点；
2. 感受造园大师的创新精神。</td><td>2</td></tr>
<tr><td colspan="2">任务二　分析庭院设计创业项目</td><td colspan="2">1. 感受国家政策对园林企业发展战略的影响；
2. 了解庭院设计的项目创新要点。</td><td>2</td></tr>
<tr><td colspan="2">实训任务二　调查创业项目市场</td><td colspan="2">1. 了解创业团队的组织结构和各岗位职责，知道企业人员组成；
2. 学会 SWOT 分析；
3. 学会通过市场调研，分析潜在顾客的需求，了解顾客的特点及消费习惯，了解竞争对手信息；
4. 学会评估创业者的企业市场。</td><td>4</td></tr>
</table>

<table>
<tr><td>学习项目</td><td>项目三　园林行业中小型企业的创新创业项目</td><td>参考学时</td><td>8</td></tr>
<tr><td>主要学习目标</td><td colspan="3">1. 了解创业初期的财务管理要点，融资的渠道、技巧；
2. 了解园林行业中小型企业项目的创新创业要点；
3. 掌握销售成本、现金流计划和制订市场营销计划的方法；
4. 感受园林人强烈的使命感和责任感，依托特色农业发展，实现稳定就业和持续增收，推进当地农民脱贫与乡村振兴。</td></tr>
<tr><td>工作任务</td><td colspan="3">开发教学资源，搜集创业案例，讲授本模块内容，并组织学生开展分组讨论完成任务并分享成果，教师总结评价小组成果，教学过程中培养学生团队合作和良好职业道德及规范。</td></tr>
<tr><td>教学条件</td><td colspan="3">多媒体教学设备，教学课件，网络教学资源</td></tr>
</table>

续表

教学方法	讲授法、案例分析法、讨论法、练习法	
考核方式	小组讨论效果、课堂纪律	
子任务名称	学习目标	参考学时
任务一 认知创业者必备的基础财务知识	1.了解创业初期的财务管理要点； 2.了解启动资金的分类； 3.掌握预算销售收入的步骤和方法； 4.掌握现金流量的计算方法； 5.融资的渠道、技巧。	2
任务二 分析休闲农业创业项目	了解休闲农业的项目创新创业要点	2
任务三 分析园林绿化养护创业项目	了解园林绿化养护项目创新创业要点	1
任务四 分析绿化苗木基地创业项目	了解绿化苗木基地项目创新创业要点	1
实训任务三 撰写市场营销计划和预测企业销售量	1.了解营销“4P”理论的内容，学会在确定项目、市场分析的基础上，制订市场营销计划； 2.了解企业销售预测的方法，掌握销售预测的方法。	2

学习项目	项目四 撰写创业计划书与项目评估	参考学时	10
主要学习目标	1.掌握创业计划书的结构要素，学会拟订创业计划书； 2.了解企业的申办流程； 3.了解与企业相关的法律和创办企业要承担的法律责任； 4.了解“互联网＋”大学生创新创业大赛的要求。		
工作任务	开发教学资源，搜集创业案例，讲授本模块内容，并组织学生开展分组讨论完成任务并分享成果，教师总结评价小组成果，教学过程中培养学生团队合作和良好职业道德和规范。		
教学条件	多媒体教学设备，教学课件，网络教学资源		
教学方法	讲授法、案例分析法、讨论法、练习法		
考核方式	小组讨论效果、课堂纪律、最终报告		
子任务名称	学习目标		参考学时
任务一 认知创业计划书	了解创业计划书撰写的关键； 掌握创业计划书的结构要素。		1
任务二 认知企业申办流程	1.了解企业的申办流程； 2.了解创办企业要承担的法律责任。		1
实训任务四 撰写创业计划书与项目评估	1.完成创业企划书； 2.掌握创业计划书撰写要点； 3.了解“互联网＋”大学生创新创业大赛参赛要点及项目评估要点。		6

4. 课程实施

4.1 教师基本要求

(1)教师应熟悉专业人才培养方案、课程标准,严格按照课程标准编制课程授课计划、提出课程实施办法、制定配套的保障措施;

(2)掌握课程内容、结构体系,力求做到“懂、透、化”。对课程学习情境进行任务分解,对每个任务分别进行包括项目名称、工作过程的内容、项目解析的知识点等方面剖析;

(3)教师应比较全面地了解学生的知识基础、学习态度、理解能力、兴趣爱好、思想面貌等,以便因材施教,更好地组织教学工作;

(4)教师要做到为人师表、教书育人、关心学生、备课充分、讲授熟练;

(5)教学内容丰富、新颖;深度、广度适宜;概念准确,重点突出;进度符合课程授课计划要求;

(6)采用情境教学、任务驱动、案例教学、启发式、分组讨论式等方法组织教学,注重教学的实践性和针对性,有利于学生积极思考、拓展思路,注重培养学生提出问题、分析问题、解决问题的能力;

(7)使用普通话,语言表达简明流畅、条理清楚,富有感染力;

(8)注重新标准、规范、规程等在课程中的讲授,及时补充前沿新知识。

4.2 校内外实践教学条件要求

校内外实训基地条件要求:彩色卡纸、大白纸等。

4.3 教学方法建议

(1)以方法指导和课程考核相结合,在保证完成工作任务要求基础上鼓励学生自我创新,自我发展和自我学习。

(2)实践教学采取案例教学法进行,教学流程主要有确定项目任务,收集资料,制定方案,小组讨论,确定方案,检查记录,总结评价等主要实施过程。

(3)积极采用多种方法,帮助学生顺利完成各项工作任务要求,提高学生成果与模拟过程的质量。学生只有完成各自角色相应的任务,才能达到课程教学要求和培养目标。学生完成的作业应做到按时、按量、并符合工程实际和规范要求;不缺欠、不抄袭;作业完整、规范;书写工整等基本要求。

(4)对学生提交的作业教师应按时批改;教师批改作业应认真、细致,并能指出作业中的错误;每次批改作业评定成绩,并保留学生作业成绩。

(5)为帮助学生理解和消化课堂上所学的知识,教师应安排适当时间答疑辅导,并做好答疑辅导情况简要登记。

4.4 教学评价、考核要求

(1)考核形式　要采用开卷和作品成果考评的考核形式。其中理论知识考核采用开卷考试,实训、操作性内容或应用能力内容采用设计作品质量考评考核。

(2)成绩评定　主要根据纪律考核(上课出勤和课堂纪律表现)、平时考核(参与课堂讨论、回答问题、完成作业和小测验)、技能考核(完成实训操作、设计作品阶段性成果)和期末考核(开卷、最终设计作品质量)等四方面综合评定。评定标准如下表。

表 1 课程成绩评定办法

课程成绩构成及比例(%)				说明
期末考核(考查)卷面成绩	实训技能考核成绩(含平时实训、实训内容掌握程度)	平时成绩(参与讨论、回答问题、作业、小测验等)	学习纪律	实践教学(教学实训)时数占课程总时数比例 R 或课程
50	25	15	10	$30\%<R\leqslant 50\%$的课程

表 2 技能成绩评定表

实训或项目	态度(20 分)			操作能力(30 分)			实训结果(作品质量 40 分)			实训总结(10 分)		
	好	中	差	强	中	差	好	中	差	好	中	差
实训/项目一												
实训/项目二												
……												

5. 课程资源开发与利用

课程教学资源:课程标准;课程授课计划;多媒体课件;实训项目任务书;相关创业案例资料。

附件3　创业项目分析课程思政教案

3.1　课程概况(表1)

表1　课程概况

课程名称	创业项目分析
总学时	32学时
周学时	待定
教学起始周	待定
授课班级	风景园林设计、园林工程、园林技术班级二年级
授课时间	待定
授课地点	待定
学情分析	二年级第一学期的学生，在知识水平上，学生专业兴趣浓，希望学有所用，但基础知识薄弱，文化厚重感不强；在能力基础方面，只具备基本制图与识图能力，设计表现能力不够，创新创意能力不强；在职业素养方面，学生的设计热情较高，却工作韧性较弱，缺乏工匠精神，对肩负社会责任感与使命感认知不足。
育德目标	课程的育德目标在于把爱国情怀、工匠精神，以及创新创业能力的培养贯穿渗透在教学中，激发学生的爱国主义情怀和民族自豪感；培养学生追求卓越、精益求精、严谨求实的工匠精神；培养学生树立使命感，推进当地农民脱贫与乡村振兴的责任意识；培养学生对园林行业项目创新创业意识、思维和能力，使其成长为心系社会并有时代担当的技术性、时代性的创新创业人才。

3.2 思政案例(表2至表7)

表2 思政案例1 我的成功可以复制

思政案例1	我的成功可以复制		
授课对象	园林类专业学生	教学课时	1课时
应用教学单元	项目一 构思园林景观行业创新创业项目		
教学目标	知识能力目标:学会分析创业条件,初步构思创业项目。 思想价值目标:培养学生就业和创业时所需的良好职业素养:规范有序、诚信守时、合作沟通,正确认识时代责任、远大抱负和脚踏实地,培养具有家国情怀的,有本领、勇担当的时代新人。		
思政元素	社会主义核心价值观、家国情怀、时代精神、职业素养。		
案例详情	略		
设计思路	思政主题学习:观看蒋乐君作为优秀毕业生代表在创业班开班仪式上的“发言视频”。		
案例评析	蒋乐君的成功创业是可以复制的,他用自己的方式向我们证明了:作为职业院校的学生同样也可以去创业。盲目地去创业不可取,要有明确的目标和坚定的信念,要敏锐捕捉行业发展的前景,经验不足时可以先积累,等待时机成熟便可大展身手,创业虽然多磨难,但是只有在磨难中生存,磨难中发展,不断学习,大胆探索,合作沟通,在经济市场中寻找商机,把握商机,在条件成熟的时候去创业,选择适合自己的行业,成功离我们并不远。		

表3 思政案例2 精益求精,用工匠精神打造技能人生

思政案例2	精益求精,用工匠精神打造技能人生		
授课对象	园林类专业学生	教学课时	1课时
应用教学单元	项目一 构思园林景观行业创新创业项目		
教学目标	知识能力目标:学会分析创业条件,初步构思创业项目。 思想价值目标:明确实现中国梦必须弘扬工匠精神和劳模精神,激励大学生将中国精神转化为青春行动,勇做弘扬和践行中国精神的时代先锋,为国家富强、民族振兴、人民幸福贡献自己的智慧和力量。		
思政元素	工匠精神、时代精神、职业素养。		
案例详情	略		
设计思路	思政主题学习:教师描述案例。		
案例评析	杨锦涛是新时代高职院校学生当中的技能名将,他爱岗敬业、甘于奉献,钻研技术,干一行、爱一行、钻一行,用实际行动诠释工匠精神和劳模精神,这是中国人民在改革开放的伟大实践中体现出来的崭新精神风貌和高尚精神品格,是建设新时代中国特色社会主义,实现中国梦的强大精神动力。通过案例向学生阐明工匠精神在中国制造转型升级中的重要作用,传递“爱岗敬业、艰苦奋斗、勇于创新,淡泊名利、甘于奉献”的劳模精神,让学生能够树立优良的职业生活与劳动观念,并树立起以改革创新为核心的时代精神。		

表 4　思政案例 3　一名园林专业毕业生的创业之路

思政案例 3	一名园林专业毕业生的创业之路		
授课对象	园林类专业学生	教学课时	1 课时
应用教学单元	项目一　构思园林景观行业创新创业项目		
教学目标	知识能力目标：学会分析创业条件，初步构思创业项目。 思想价值目标：培养正确看待人生价值、直面人生就业和创业时所需的客观、认真、务实、乐观、进取的综合素养。		
思政元素	社会主义核心价值观、时代精神、职业素养、终身学习。		
案例详情	略		
设计思路	思政主题学习：教师描述案例。		
案例评析	通过何金友艰难的就业和创业事迹，引导学生理解什么是真正的积极进取的人生态度，讨论在面对困难和挫折时如何坚持自我、保持初心。从何金友身上汲取这种认真务实、乐观向上、积极进取的人生态度。同学们要认真、乐观对待人生，明确生活目标和肩负的责任，正确认识、处理生活中各种各样的困难和问题，保持认真务实、乐观向上、积极进取的人生态度，从身边的小事做起，脚踏实地、一步一个脚印地实现人生目标。		

表 5　思政案例 4　进联德环保公司的绿色营销与可持续发展

思政案例 4	进联德环保公司的绿色营销与可持续发展		
授课对象	园林类专业学生	教学课时	1 课时
应用教学单元	项目二　园林景观行业微型企业的创新创业项目		
教学目标	知识能力目标：了解园林景观行业微型企业的项目创新创业要点；了解创业团队的组织结构、分工，掌握市场调查与分析的方法 思想价值目标：了解“可持续发展”战略，认识人与自然、人与社会和谐的重要性。培养学生的主体精神和社会责任感以及安全、绿色和可持续发展意识。		
思政元素	“可持续发展”战略、社会主义核心价值观、时代精神、职业道德。		
案例详情	略		
设计思路	思政主题学习：教师描述案例		
案例评析	安全发展是广西进联德环保工程有限公司发展理念的根本，公司老总吴德煌前瞻性地领会到国家提出“安全发展、绿色发展”的发展理念，这个理念是符合党的十八届五中全会提出的“创新发展、协调发展、绿色发展、开放发展、共享发展”五大发展理念要求的，所以他的公司有着很好的发展前景。我们高职学院的学生要了解专业对应的行业、职业和岗位，了解“可持续发展”战略，认识人与自然、人与社会和谐的重要性，提高学生的环境意识、环境道德、环保能力以及自主学习能力和探究能力，培养学生的主体精神和社会责任感，使之成为新一代有可持续发展意识与能力的公民，以促进社会的可持续发展。		

表 6 思政案例 5 愿得此生长报国——建筑师贝聿铭的爱国情怀与创新设计

思政案例 5	愿得此生长报国——建筑师贝聿铭的爱国情怀与创新设计		
授课对象	园林类专业学生	教学课时	1 课时
应用教学单元	项目二 园林景观行业微型企业的创新创业项目		
教学目标	知识能力目标：了解园林景观行业微型企业的项目创新创业要点；了解创业团队的组织结构、分工，掌握市场调查与分析的方法 思想价值目标：通过案例教学，让学生懂得民族精神、时代精神的深刻内涵和具体体现；认识以改革创新为核心的中国精神对实现中华民族伟大复兴中国梦的重要意义。		
思政元素	社会主义核心价值观、家国情怀、时代精神、传承与创新。		
案例详情	略		
设计思路	思政主题学习：教师描述案例，创新设计案例赏析。		
案例评析	盛誉世界的华裔建筑大师贝聿铭年轻时就立长志报效祖国，从此刻苦钻研建筑设计并取得很高的造诣和成就，但是他一直牢记自己的根在中国，为我们国家设计出高水平的香山饭店和苏州博物馆等，他深深地热爱着祖国，有着以改革创新为核心的中国精神。通过案例教学，启发和引导学生全面认识中国国情、社会责任、使命担当，树立“四个正确认识”：正确认识世界和中国发展大势，正确认识中国特色和国际比较，正确认识时代责任和历史使命，正确认识远大抱负和脚踏实地，培养具有家国情怀和国际视野的有本领、勇担当、善创新的时代新人。		

表 7 思政案例 6 以农业产业扶贫助推乡村振兴

思政案例 6	以农业产业扶贫助推乡村振兴		
授课对象	园林类专业学生	教学课时	1 课时
应用教学单元	项目三 园林行业中小型企业的创新创业项目		
教学目标	知识能力目标：了解园林行业中小型企业项目的创新创业要点 思想价值目标：立志到基层中、到农村去，以农业产业助力乡村振兴，树立正确的就业观和创业观。		
思政元素	社会主义核心价值观、家国情怀、时代精神、职业道德、乡村振兴、扶贫攻坚。		
案例详情	略		
设计思路	思政主题学习：教师描述案例。		
案例评析	黄文越创业成功的经历告诉我们：农业产业扶贫是打赢脱贫攻坚的核心内容，也是实现乡村振兴的关键所在，依托特色农业发展实现稳定就业和持续增收，才能从根本上保持有效脱贫。我们农职院的大学生们，应该向黄文越学长学习，扎根农村，发展特色主导产业，引导和扶持发展特色产业，响应祖国的号召，立志到基层去，树立务实进取，勤奋努力的工作态度，为将来走上工作岗位做准备。		

附件4　创业计划书案例

第六届中国国际“互联网+”大学生创新创业大赛商业计划书

项目名称：星空景观——地摊经济下的多功能景观小品设计

项目类型：互联网+文化创意服务

参赛组别：高教赛道创意组

团队成员：略

指导老师：略

目录

前 言

2020 年最火的关键词之一“地摊”。

2020 年的 5 月、6 月，地摊经济成了最热门的话题，地摊的政治意义和社会地位都有了前所未有的拔高和升华，它是保就业，保民生的重要途径，地摊经济从边缘走回主流。

银行推出了地推贷，五菱地摊车正在抓紧生产，白领、程序员、自媒体人纷纷吐槽，准备响应国家号召转行去摆摊，连摆摊必备的思维导图都火速出来了。随后那些年大佬们摆摊的经历也被扒了出来：马云去义乌批发鲜花，白天工作晚上摆地摊，柳传志 40 岁和员工拉平板车卖电子表和冰箱……

于是——作为肩负祖国未来、景观人的我们打算撸起袖子这样干……

1 星空景观工作室简介

Logo 介绍：深蓝色代表星空，造型是星空首字母 X、K 的结合；黄色代表土地，坚持以人为立足之根本；绿色代表植物、景观。工作室致力于景观小品的研究与开发，设计色彩由下至上蓝、黄、绿分别代表辽阔、希望、成长，寓意着星空景观设计工作室站位更高、厚积薄发、生机勃勃的美好前景。

工作室宗旨：工作室以真诚为客户服务为宗旨，锐意进取，不断改革创新，以创造环境美、生活美、艺术美的园林为己任，力求设计新颖、布局合理、价格相宜，为客户提供优质的服务。

2 项目概述

全国因为疫情导致经济下滑，失业率剧增，为了缓解目前严峻的就业形势，国家开放了地摊经济，“地摊经济”成为最火关键词之一。但地摊经济开放后诸多问题也随之而来，城市的脏、乱、差也浮现出来。

星空景观工作室依托广西农业职业技术学院园林与建筑工程系大师工作室、校企合作等利好创业政策，抓住 2020 年地摊经济骤增机遇，根据地摊区域特点，开发以星空系列为代表的多功能“经济适用型”绿化美化景观架。

该产品实现了地摊与园林景观的一体化，以达到兼顾装饰街道空间和满足摆地摊需求的多功能景观架，填补市场空白。项目包括植物构架稳固技术，已有国家实用新型专利授权 2 项，专利受理 1 项。

目前该团队已与广西春涛海绵城市科技有限公司、广西景丽达建筑工程有限公司、南宁飞白视觉设计有限公司等 3 家企业达成了产品研发协议，与广西胤驰商贸有限公司、广西行之城设科技有限公司、广西申亩景观设计工程有限公司等 8 家企业达成了产品推广协议，且与广西木吉建筑装饰工程有限公司、广西壮图规划设计有限公司、南宁飞白视觉工程设计有限公司等 3 家公司达成了融资协议。

未来，星空景观工作室将持续致力于新型景观架的研发，以国家对地摊经济出台的政策为发展契机，抓住2020年地摊经济骤增机遇，致力打造成为广西区域景观小品定制专家。

3 项目背景

地摊经济，是人类最原始、也是最有生命力的商业活动之一，它繁荣了经济市场，弥补了老百姓购物的一段空白点。

2020年，突如其来的新冠肺炎疫情，完全打乱了人们的生活。对我国传统行业产生了许多负面影响，中国线下餐饮业、服务业关停，全国经济下滑。面临经济乏力，就业困难的现象。

在地方层面上，全国各地积极响应中央号召，截至6月4日，全国已有20余地出台政策，明确鼓励发展地摊经济，许多地方也正在加紧制定鼓励政策（见图1、表1）。

国务院总理

2020年6月1日上午，国务院总理李克强在山东烟台考察时表示，地摊经济、小店经济是就业岗位的重要来源，是人间的烟火，和“高大上”一样，是中国的生机。

全国人大代表

2020年两会上，全国人大代表杨宝玲建议制定统一的“地摊经济”准入许可标准、从业资格条件和商品入市手续，采取颁发资格证、许可证等方式，给予“地摊经济”与从业者合法地位。

中央文明办

中央文明办也明确表态：在2020年全国文明城市测评的指标中，不再将占道经营、马路市场、流动商贩列为文明城市测评考核内容。

图1 国家、地区政策支持

表1 各地方文件措施

出台日期	地区	文件及措施
3月16日	成都	《成都市城市管理五允许一坚持统筹疫情防控助力经济发展措施》，企业和经营者在保障安全，不占用盲道、消防通道，不侵害他人利益，做好疫情防控和清洁卫生工作等前提下，允许在居民居住集中区开辟临时占道摊点摊区，允许临街店铺临时越门经营，允许流动商贩在一定区域贩卖经营。
3月16日	甘肃	《关于全面恢复餐饮企业复工营业的紧急通知》，经营者须在保障安全，不占用盲道、消防通道，不侵害他人利益，做好疫情防控和清洁卫生工作等前提下临时占道经营。
4月30日	浙江	《关于进一步做好稳就业工作的实施意见》，鼓励多渠道灵活就业。合理设定无固定经营场所摊贩管理模式，预留自由市场、摊点群等经营网点。
5月6日	南京	《做好防疫期间临时外摆摊点服务管理工作的指导意见》，选择具备外摆条件、有统一运营管理的特色街区、商业体外广场和开放式公园，合理设置外摆区域、明确设置外摆种类、规范设置外摆设施、科学设置外摆时段。

续表 1

出台日期	地区	文件及措施
5 月 12 日	陕西	《陕西省促进市场消费积极应对新冠肺炎疫情影响若干措施》,疫情期间,城市管理坚持柔性执法,在不影响人行通道、确保安全的情况下,允许城区临街店铺出店经营,允许大型商场适度占道促销,允许在居民居住集中区开辟临时摊点摊区,允许流动商贩在一定时间和区域占道经营。
5 月 29 日	郑州	《关于贯彻以人民为中心发展思想 进一步做好为民造福工作的意见》,鼓励支持发展夜市经济,允许利用有条件的公园、广场、空场,在不扰民、不影响交通、不影响市民休闲、不污染环境的前提下,开办夜市、排档。
5 月 29 日	长春	《关于在城市管理领域实施助力经济发展八项措施的通知》,鼓励支持发展夜市经济,允许利用有条件的公园、广场、空场,在不扰民、不影响交通、不影响市民休闲、不污染环境的前提下,开办夜市、排档。
6 月 3 日	江西	江西九江瑞昌市城市管理局在城区设置了流动摊贩临时摆放点,为市民提供灵活多样化的便民服务。
6 月 3 日	上海	《上海市城市管理行政执法局关于优化营商环境的指导意见》,明确支持特色小店开展"外摆摊"经营,实施"轻微免罚"制度,结合城管执法实际持续优化营商环境,为市场主体营造稳定、公平、透明、可预期的市场环境。
6 月 4 日	广州	《广州市疫情常态化防控期间允许部分区域商家(个体户)临时借道经营工作方案》正式印发,试行期为 2 个月。在落实疫情常态化防控要求,以及不影响消防安全、不影响交通秩序、不污染城市环境、不侵害公共利益和他人利益的前提下,可以允许部分区域具备实施基本条件的商家(个体户)临时借道经营。
6 月 4 日	黑龙江	《关于优化城市管理助力经济发展的通知》,在城市管理方面出台 12 项举措,旨在积极响应国务院政府工作报告中提出的关于稳就业促增收保民生等要求,刺激商业消费,激发市场活力,助力复工复市,便利"地摊经济",促进经济社会发展。

3.1 地方摊位需求迅速增量

地方政府积极响应中央号召,全国各地出台政策,明确鼓励发展地摊经济,加紧制定鼓励政策。截至 2020 年 5 月 22 日,成都全市设置临时占道摊点、摊区 2 234 个,允许临时越门经营点位 17 748 个,大型商场占道促销点 82 个,允许流动商贩经营点 20 891 个,增加互联网租赁自行车临时投放点位 6 103 个,增加就业岗位 10 万个以上。如果参照媒体报道的成都推进"地摊经济"带来的就业增量 10 万人占成都常住人口总量(约 1 600 万人)的比例来粗略估算全国的情况(全国城镇常住人口约 8.5 亿人),全国城镇地区推广"地摊经济"可能带来的新增就业数量约 512 万人。如果假设涉及的新增就业因此人均年增收 3 万元,全国可增收约 1 500 亿元(占 2019 年 GDP 约 0.15%)(见图 2)。

图 2　传统的地摊场景

3.2　居民生活水平提高，城镇绿化市场需求量大

2019 年末，我国城镇化率已超 60.60%，截至 2020 年中国城市建成区绿化覆盖率只有 39.5%，随着城镇化的不断推进，人们对绿色生态的需求增加，如果未来保持原有增速，到 2022 年，园林绿化市场规模将超过 3 000 亿元，达 3 085.63 亿元。（数据来源：中研普华数据库）见图 3。

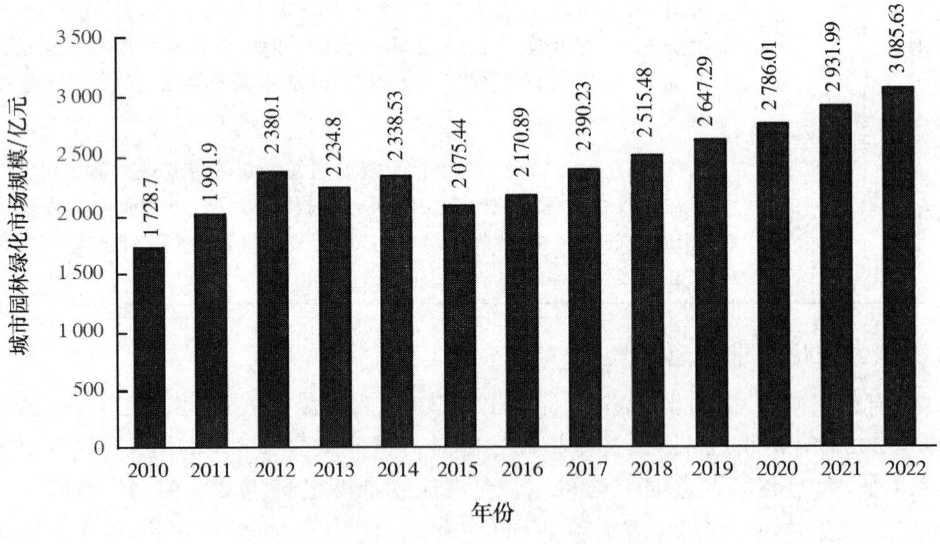

图 3　2010—2022 年城市园林绿化市场规模

现代的城市街道多数为工业革命后的人、车、建筑围合的硬空间，缺乏整体规划意识，设施水平低下，少了绿化少了生机（见图 4、图 5）。

图 4　街道缺乏景观绿化

图 5　绿化布局环境的城市

4　产品的优势

市场上多以花架和简易地摊架居多，为了解决地摊与街道美观的矛盾，我们思考和设计出独具特色的多功能景观架，根据地摊区域特点，做出以下创新以达到装饰街道空间和满足摆地摊需求的多功能景观架（见图 6、图 7）。

图 6　花架

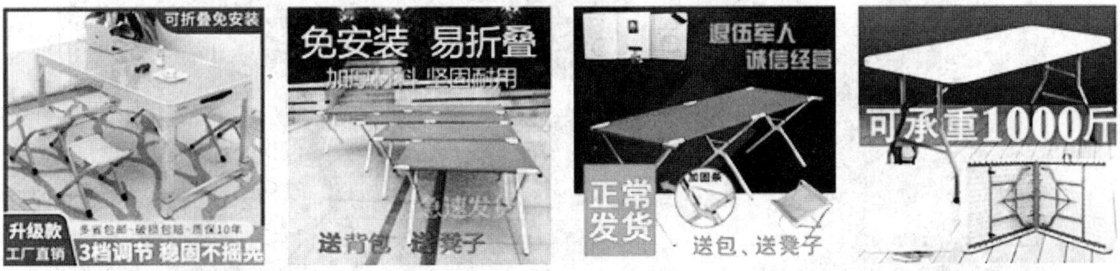

图 7　移动地摊架

4.1　景观架观赏与商用功能并行，且节省街道空间 50%

工作室设计的景观架不仅可以当作地摊摊位，还适用于商业空间的租摆盆花装饰架，实现了观赏与商用功能的合并，节省了 50%的街道空间（见图 8、图 9）。

图 8　景观架伸缩效果图

图 9　商业空间装饰效果图

4.2　巧妙设计摊位布局,引流聚客事半功倍

摊位引流路线设置为曲线,摊点数量更多,消费人群在路线的时间更长(图 10)。

图 10　摊位布局效果图

4.3 景观灯设计,美观整洁,解决街道布线乱象

晚上地摊开始展现它的“魅力”,各式各样的灯光开始“绽放”,给人一种凌乱的感觉。工作室的景观灯设计,美观整洁,消除了凌乱感,给人一种舒适的感觉(图 11、图 12)。

图 11 街道乱布线存在安全隐患

图 12 使用景观架后安全美观

5 产品创意和服务

5.1 基本构成

多功能景观架:由景观亭和摊架组成,置物架设计为伸缩折叠结构,不摆摊的时候可以收起,节省空间;景观亭起到整体造型装饰作用(图 13 至图 15)。

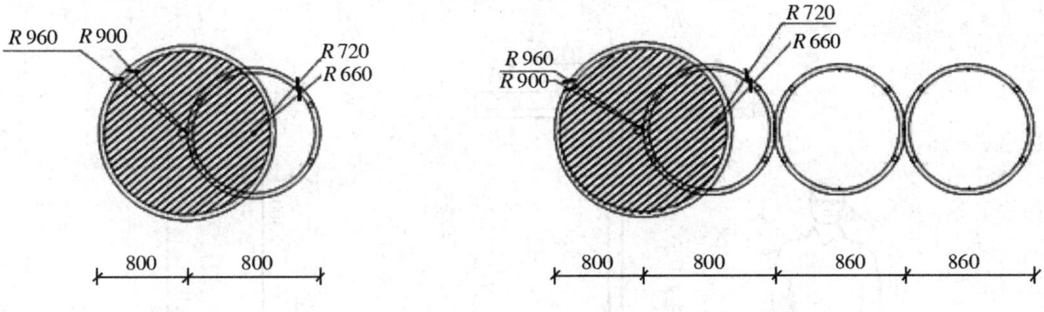

顶视图　　　伸缩顶视图

图 13 圆形景观架伸缩平面图

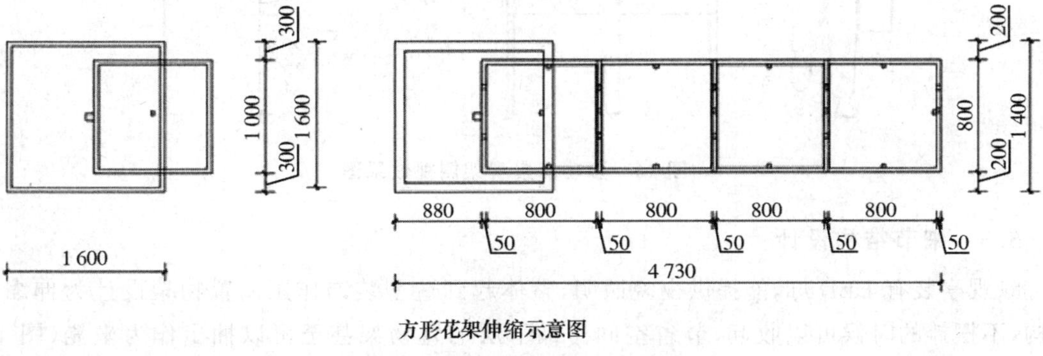

方形花架伸缩示意图

图 14 方形景观架伸缩平面图

图 15　多功能景观架单体效果图

5.2　人体工程学设计

多功能景观架尺寸设计依据人体工程学理论设计，在造型和尺寸都遵循身体便于移动的原则，外观和功能设计考虑人心理的需求，总亭高 2 650 mm，使人在使用时产生愉悦感。

人肩为轴，上肢长度为动作半径的范围，是存取物品最方便、使用频率最多的区域，因此摊面长宽度设计为 1 200 mm，活动工作面高 1 200 mm；拉伸后的摊架依次高为 1 200 mm、1 050 mm、900 mm、750 mm 使人在静态使用状态时疲劳度降到最低，使人的身体各个部位肌肉完全放松(图 16)。

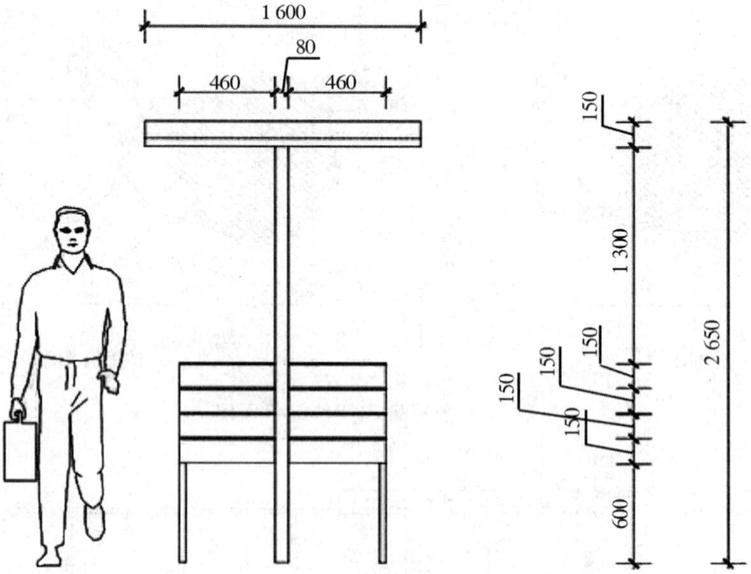

图 16　多功能景观架侧视效果图

5.3　细节结构设计

景观亭装有 LED 灯，能提供夜晚照明，整体起到造型装饰作用。置物架设计为伸缩折叠结构，不摆摊的时候可以收起，节省空间。最下层的置物架甚至可以抽出作为坐凳(图 17 至图 20)。

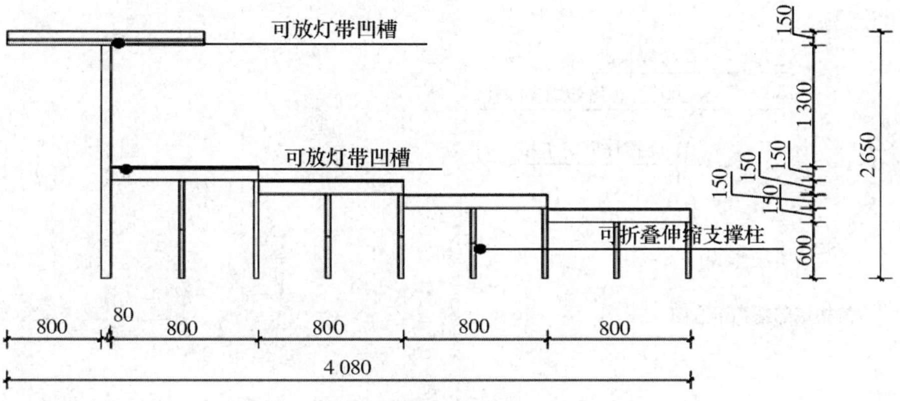

图 17　景观架正立面效果图

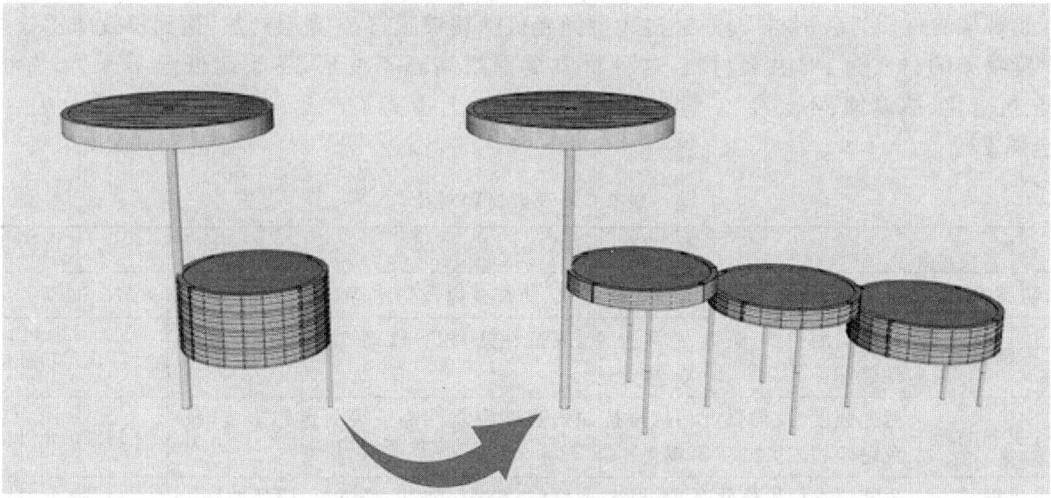

图 18　多功能景观架伸缩收纳示意图

多功能景观架置物面边缘预留有插口，方便竖向陈列的需要；置物架的架腿可 90°伸缩收纳。

图 19　多功能景观架细节

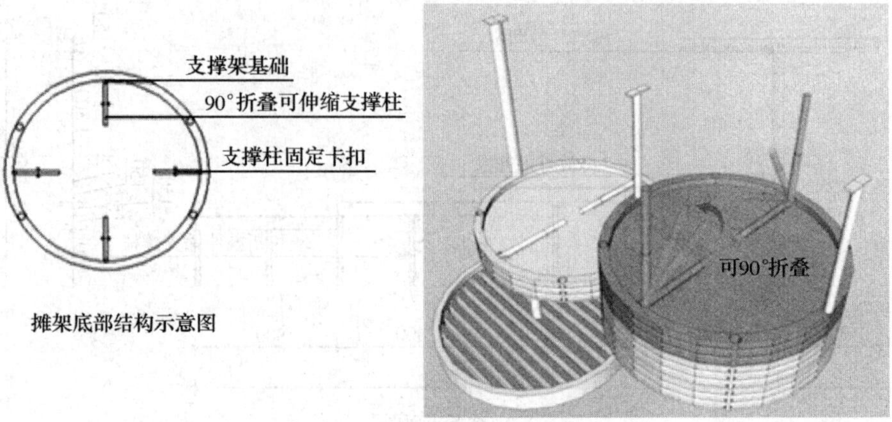

图 20 景观架底部结构示意图

5.4 使用制作材质

景观架的材质为碳钢材质，先经过大型抛光机除锈镀膜，170°高温烤漆，达到长效防锈效果。

置物架的材质为 PP 共聚材料，这种材质夏季耐高温不变形，冬季耐低温不开裂，有抗紫外线、抗老化、抗腐蚀、不易变色等特点，在很大程度上提高了产品的可使用年限。见表 2、图 21 至图 23。

表 2 景观架材料对比

材料名	特性	价格
防腐木	具有防腐蚀、防潮、防真菌、防虫蚁、防霉变以及防水等特性。	278.00 元/m^2
不锈钢	优异的耐空气、蒸汽、水等介质，成型性好、相容性高、强韧性大、抛光性能好。	29.00 元/kg
ASA 共挤竹塑	弯曲强度、拉伸强度和抗压抗冲击强度稳定性高。表面色彩丰富，颜色稳定，长达 20 年不褪色。	15.80 元/kg
碳钢	生产成本低价格低廉、硬度高、耐磨耐锈、易于加工、塑性好、焊接性好。	11.33 元/kg
PP 共聚	优良的热塑性合成树脂，无色半透明轻质通用塑料。耐化学性、耐热性、电绝缘性好，具有高强度机械性能和良好的高耐磨加工。	10.80 元/kg

图 21 材质制作产品效果图

图 22 碳钢材料

图 23 PP 共聚材料制作的花盆

5.5 组合造型效果图

景观架即可单个欣赏,也可组合摆放犹如星空(图 24 至图 26)。

图 24 星空组合景观架效果图(一)

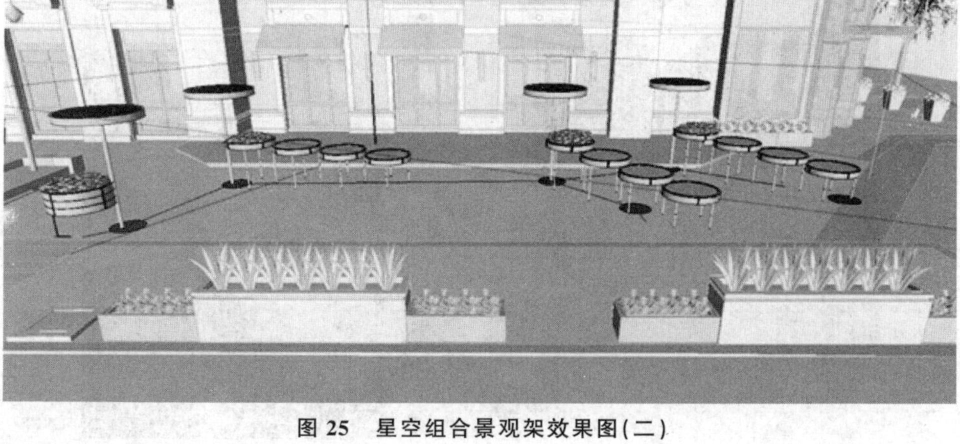

图 25 星空组合景观架效果图(二)

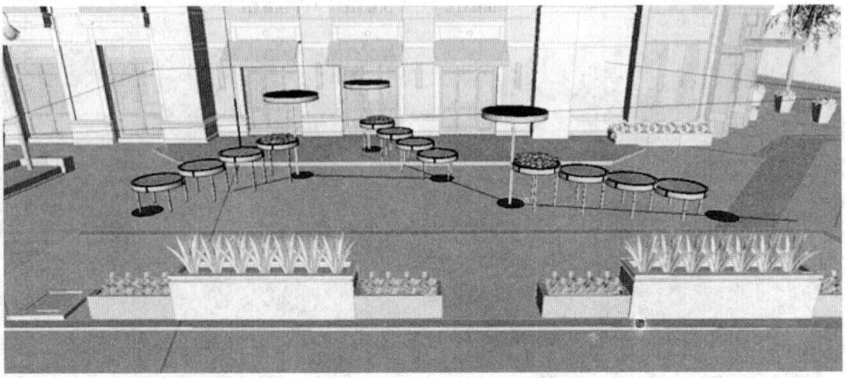

图 26　星空组合景观架效果图(三)

5.6　衍生系列景观架

星空景观工作室还可根据不同的空间设计 2 个系列的景观小品，有时尚简约和民族风情系列，小品的设计注重功能性、文化性、艺术性等原则，给客户优质的作品和服务(图 27 至图 29)。

图 27　魔方造型景观架

图 28　铜鼓造型景观架

图 29　艺术花架

6　街道规划设计服务

6.1　功能分区

工作室可根据具体的环境，遵循交通优先的原则，重新规划街道，合理分区街道功能，形成多层次的城市景观体系，以星空系列设计项目为例展示我们的规划设计内容（图 30、图 31）。

规划前

图 30　现存的街道原始的摆摊脏乱差

规划后

图 31　规划后的街道功能分区明显

6.2　线路分析

美学上认为曲线相比直线更加柔和富于变化具有流动的韵味，能够引导人的眼球去跟随、探索，因此星空系列设计项目采用曲线线路设计地摊路线，线路更加具有神秘感和趣味性（图 32 至图 34）。

图 32　曲线类构成的园林景观案例

规划前　　规划后

图 33　规划前的路线多以直线设计

图 34　规划后的地摊路线具有灵活性的曲线设计

6.3　街道整体效果图

星空景观工作室设计适用于地摊文化的星空系列设计项目，该项目合理规划街道分区，赋予街区更舒适、浪漫等特性，激发街道活力，让摆摊成为街道生活的日常，让街道融入城市居民生活，老百姓更容易获得美好的生活规划(图 35)。

图 35　街道地摊应用多功能景观夜间效果图

7　市场分析

7.1　地摊经济体量

如果参照媒体报道的成都推进“地摊经济”带来的就业增量 10 万人占成都常住人口总量(约 1 600 万人)的比例来粗略估算全国的情况(全国城镇常住人口约 8.5 亿人),全国城镇地区推广“地摊经济”可能带来的新增就业数量约 512 万人。如果假设涉及的新增就业因此人均年增收 3 万元,全国可增收约 1 500 亿元(占 2019 年 GDP 约 0.15%)。

7.1.1　地摊选点分布规律

(1)区域分布　越靠近核心城区的繁华地段,地摊分布越密集。按照地摊密集度从高到低排序。

(2)人流集中区　地摊经营者主要集中在人流量比较集中的区域,比如人流量大的道路两边、地铁口、居民小区、旅游景区、购物中心、公园、火车站、汽车站等(图 36)。

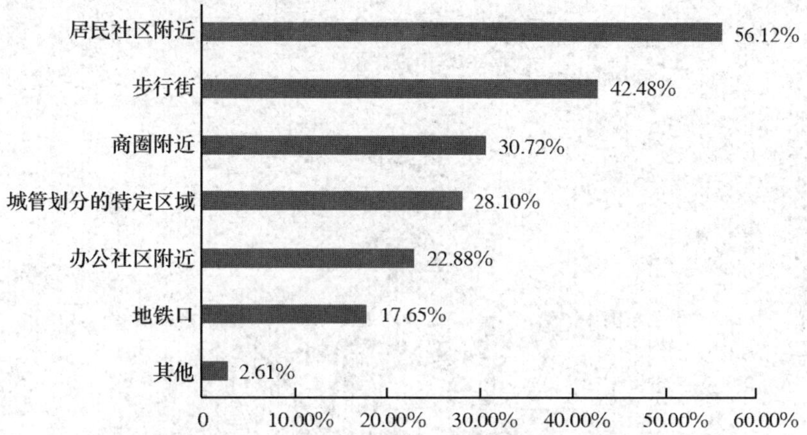

图 36　2020 年上半年中国地摊选点分布

数据来源:中投产业研究院

7.1.2　地摊经营状况分析

常见的地摊经营种类主要有废品回收、果蔬售卖、拉车载客载物、手机贴膜、小商品售卖、食品售卖、修鞋修伞等维修服务、烧烤小吃等(图 37)。地摊的日营业额一般在 100～800 元,利润率一般在 30%～40%。

7.1.3　地摊经济整体满意度分析

2020 年上半年受访用户对地摊消费的满意度评价呈现以下特点:

(1) 地摊消费用户对产品质量和产品价格的满意度低于其他维度,其中约一半用户认为地摊产品质量“一般”,产品质量问题突出;

(2)地摊产品单价较低,38.46%用户表示“比较满意”;

(3)个体商家特质、购物氛围和购物距离的满意度相对较高,市井气息成为地摊消费的重要特征(图 38)。

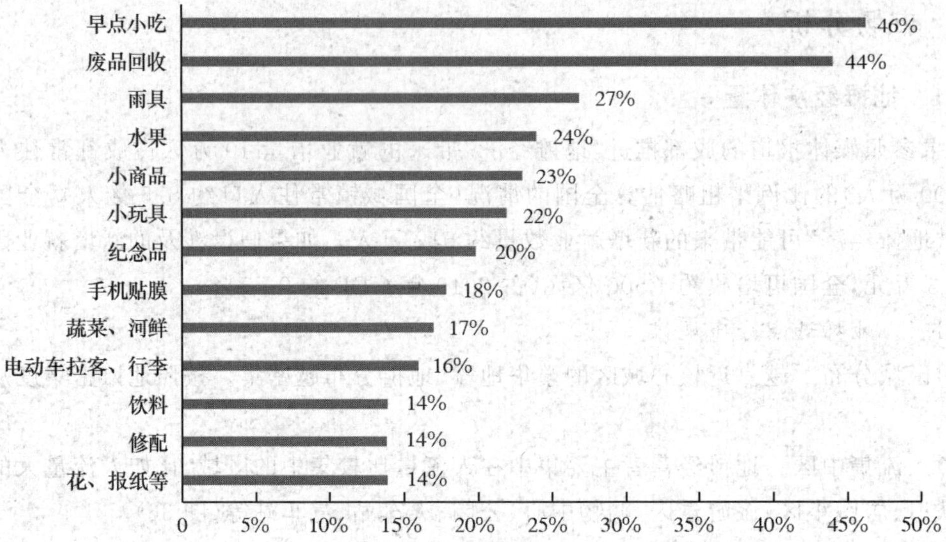

图 37　地摊经营种类分布

数据来源：中投产业研究院

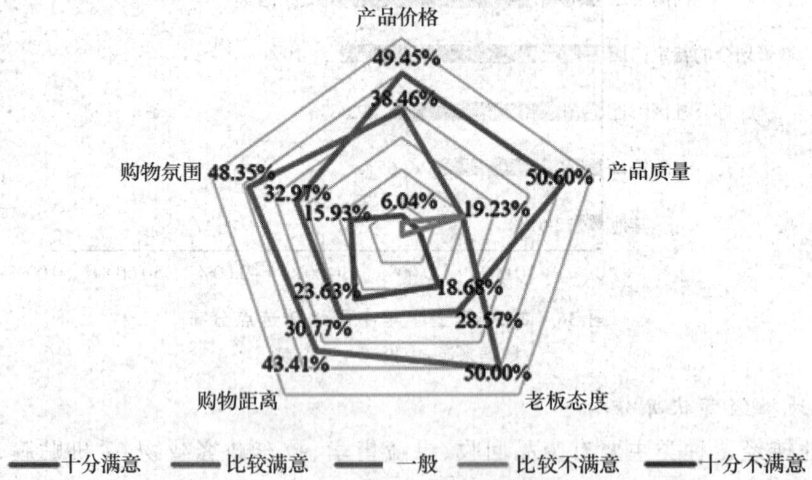

图 38　2020 年上半年中国受访用户地摊消费整体满意度分布

数据来源：艾媒数据中心

7.1.4　中国地摊经济发展潜力预测

随着各地政策的放开，"地摊经济"成了经济复苏的新动力，一方面拉动就业人数上升，另一方面带动消费，未来一段时间原生态的类地摊经济(消费)或仍是资金追捧的标的。

对于步入后疫情时代的中国，面对稳就业压力的剧增，鼓励"地摊夜市经济"或许不失为民众自谋生路的最简捷方式。只是对于定位不同的城市而言，该不该鼓励推行"地摊经济"以及实施后如何管理，不仅要结合人们的消费习惯、市场需求和道路交通等实际情况，还需要广泛征求市民群众的意见建议。

据不完全统计，中国流动商贩至少有 3 000 万个。据工信部数字统计，国内中小企业数量大约也为 3 000 万个(不含个体工商户)。从数量上看,它是一个可以并肩"传统创业"的群体。

7.2 园林绿化行业的市场需求

我国城市园林绿化建设投资额持续上升,一直在较高水平。随着我国城镇化进程的不断深入,人们文化水平和生活水平的逐步提高,人们对于环境的绿化和美化提出了更高的标准和要求,各级政府更加重视环境文明建设,在园林绿化领域仍将保持稳定供给投资。此外,随着我国持续推进城市园林建设,2010—2018 年城市建成区绿化覆盖率从 38.62% 增长到 41.11%,整体发展速度较快,未来,随着生活水平的不断提高,人们对绿化覆盖率需要会稳定上升。

7.3 园林绿化企业数量

我国具有园林绿化壹级资质的企业共有 1 351 家。浙江省以 188 家居首,江苏省、广东省和北京市依次为 183 家、147 家和 110 家。而在同行业 17 家上市公司中,除普邦股份、乾景园林主要从事地产景观园林工程业务外,其余 15 家上市公司主营业务均主要为市政园林工程。

7.4 目前目标市场的容量及未来增长趋势

2017 年我国城市园林绿化市场规模为 2 390.23 亿元,2010—2017 年年均增长率达到 5.24%,未来,随着城镇化的不断推进,人们对绿色生活的需求增加,如果未来保持原有增速,到 2022 年,园林绿化市场规模将超过 3 000 亿元,达 3 085.63 亿元(图 39)。

2019 年我国房地产投资额达到 132 194 亿元,较 2018 年度增长 9.90%。根据园林绿化行业经验,园林配套支出约占地产项目投资总额的 1%~4%,但受房地产限价等因素影响,园林配套支出比例可能减少,按照房地产投资额的 2%用于园林投入计算,2019 年我国地产园林市场容量约为 2 643.88 亿元,近五年平均增长率达 6.82%,随着地产园林市场的不断扩大,如果未来保持原有增速,到 2022 年,园林绿化市场规模将超过 3 000 亿元,达 3 220.74 亿元。

图 39 地产园林市场规模

(资料来源:中研普华数据库)

8 市场机会

8.1 我国国民经济的持续稳定增长

我国持续稳定发展的经济是园林绿化行业快速发展的根本动力。近30年来,我国已成为世界上经济发展速度最快的国家之一。2018年国内生产总值突破90万亿元,比上年增长6.6%。国民经济的持续稳定增长,将为园林行业创造巨大的市场需求,保障园林行业持续快速地发展。

8.2 我国城市化进程的不断加快

城市化进程的推进为园林绿化行业的发展注入了活力。截至2019年末,我国的城镇化率为60.60%,与发达国家近80%的城镇化率相比还有很大的发展空间。2017年1月25日,国务院印发《国家人口发展规划(2016—2030年)》,提出到2030年,我国常住人口城镇化率要达到70%。随着城市化进程的推进,城市人口和城市用地规模迅速扩大,新的城市建成区将拉动大规模的园林绿化建设。

8.3 国家政策的大力支持

2017年,党的十九大加强了对生态文明建设的部署,生态文明上升为千年大计。2018年3月,“生态文明”被历史性地写入宪法,生态文明具有了更高的法律地位。2018年5月,全国生态环境保护大会召开,再次定调生态文明建设是关系中华民族永续发展的根本大计,明确了建设美丽中国的“时间表”和“路线图”。国家一系列利好政策的出台,使园林绿化行业面临前所未有的发展机遇和广阔空间,将有力推动我国园林绿化行业的进一步发展。

8.4 环境保护意识不断提高

园林绿化和环境保护是密切联系的两个行业。近年来,我国环境形势日益严峻,国民对良好环境的需求愈发紧迫。特别是大气污染(雾霾)、水质污染、土壤污染等,环境不断恶化,从而倒逼环境治理。环境保护意识不断提高,为园林产业发展奠定了基础。

8.5 人民对美好生活的向往

随着经济发展,生活水平的提高,人民对生活环境的美化有了更高的向往,对市政公园、道路绿化等公共空间的艺术性、品质提出了更高的要求。同时越来越多的家庭开始关注家庭园艺,美化私人生活空间。人们的需求将有力地推动园林行业向更高层次发展。

9 市场前景

9.1 地摊位在国家政策的指引下迅速增加

根据《2019中国小店经济温度图谱》网商银行和支付宝的分析显示,中国小店数量约为1亿家,包含网店、街边小吃、路边小摊等。

各地出台的地摊政策,如雨后春笋般全面铺开,大有千树万树梨花开之景象,城市管理部门不能对“地摊经济”松而不管,乱而不治,要充分结合街道实际,合理规划摊位,科学布局地摊业态,打造热闹有序的特色一条街。

9.2 “经济适用型”的绿化美化方案受到政企青睐

景观架绿化模式是一种“经济适用型”的绿化美化方案，多使用户外景观花架、铁艺花架等，这类绿化的便捷、灵活、迅速成景、易于恢复、可反复使用等特点都符合现代城市发展的需求，受到立体绿化行业及公共道路的推广和运用（图 40、图 41）。

图 40　“生态贺州、长寿圣地”为主题的第十届广西贺州园林园艺博览会街道绿化布置

图 41　2019 年中国北京世界园艺博览会街道绿化布置

9.3 住建部开展“国家园林城市”创建活动带来的商机

住建部通过开展“国家园林城市”的创建活动，极大地激发了各城市绿化建设的积极性，全国各地城市为创建国家园林城市积极开展基础设施建设、绿地建设、环境保护、节能减排、园林绿化等工作。

园林建设已经成为评价一个城市人居环境、生活水平等方面的重要指标。发达的城市园林不仅提高了市民的生活质量和满足感，而且有利于旅游开发和招商引资。因此，越来越多的城市、县区将园林建设作为发展规划的重点，不断加大对园林建设的投入，把创建园林城市、宜居城市摆在了突出的位置。

9.3.1 总体发展趋势

政府投资，是指在国内使用预算安排的资金进行固定资产投资建设包括新建、扩建、改建、技术改造等，具有“引导和带动社会资本扩大有效投资”和“稳增长、促改革、惠民生”等关键作用。

目前，我国经济“稳增长、调结构”等压力较大，政府投资作为促进社会经济健康发展关键因素，在国家经济社会中发挥着越来越重要的作用。我国政府公共财政支出和地方财政支出均有提升，同时，政府通过多渠道保证收支平衡，2019 年地方政府债券发行额波动中较快增长，一定程度上促进了政府投资和社会经济的持续稳定增长（图 42、图 43）。

9.3.2 政府投资于园林绿化行业的发展趋势

园林绿化工程作为普惠的民生工程和最为广泛的公共服务产品之一，具有较大的经济、社会价值，各地政府对园林绿化重视程度较高。自 2016 年始，园林绿化投资表现为快速地增长，全国城市园林绿化面积亦表现稳定增长趋势（图 44）。

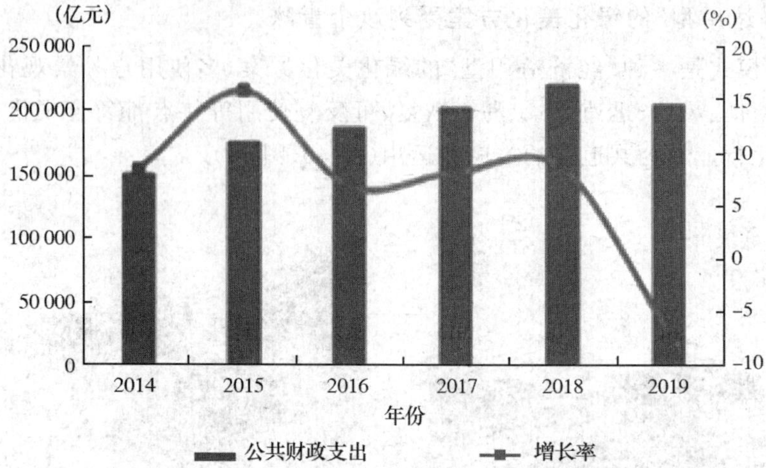

图 42　公共财政支出

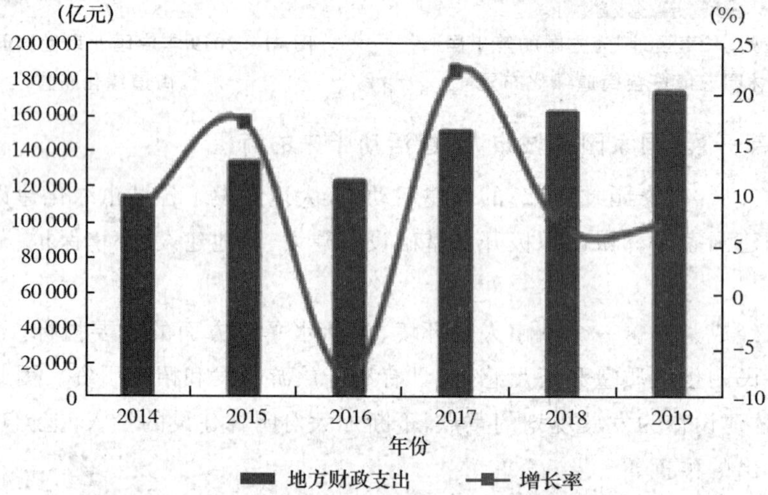

图 43　地方财政支出

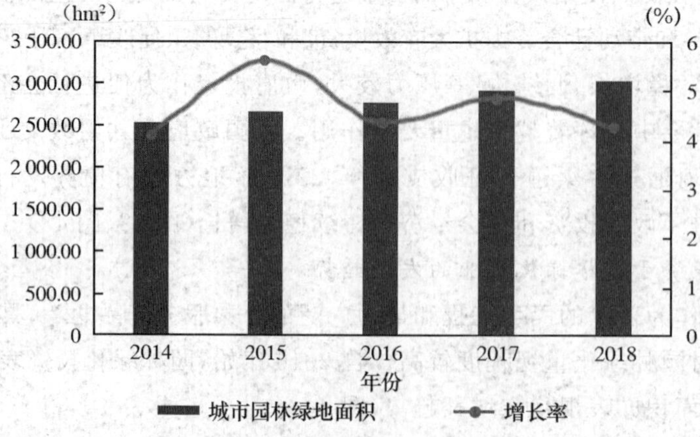

图 44　城市园林绿地面积

数据来源：公开资料整理

9.3.3 政府投资项目资金保障趋势

2019 年 3 月,《政府工作报告》提出的"对拖欠企业的款项年底前要清偿一半以上,决不允许增加新的拖欠"的目标任务。2019 年 4 月,国务院第 712 号令颁布《政府投资条例》,对相关政府投资进行规范,"政府投资项目所需资金应当按照国家有关规定确保落实到位。政府投资项目不得由施工单位垫资建设。"

随着政府对前期已投资项目相关欠款的加速清偿,以及对园林绿化工程的重视并增加相关政府投资,园林绿化行业有望随着政府投资和清偿能力的提升,实现高质量稳定发展。

9.4 城镇化发展规划、美丽乡村建设需要带来的商机

9.4.1 城镇化促进市政园林发展

城市化进程中新增城区面积的绿化建设需求不断增长。改革开放以来,我国国民经济持续快速发展,城市化进程稳步推进,城市面积、城镇人口规模不断扩大。2019 年末,我国城镇化率已达到 60.60%,但仍远低于发达国家 80%的平均水平,城市化进程仍将持续推进,尤其是在二、三线城市和中西部地区。2017 年 1 月 25 日,国务院印发《国家人口发展规划(2016—2030 年)》,提出到 2030 年,我国常住人口城镇化率要达到 70%(图 45)。

城镇化率的快速发展加快了城镇园林绿化的建设,促进我国环境文化体系快速形成,国家及地方各级政府有关鼓励园林绿化发展的政策也不断出台和更新。2011 年 7 月,全国绿化委员会、国家林业局(现国家林业和草原局)发布了《全国造林绿化规划纲要 2011—2020》,提出到 2020 年,城乡绿化覆盖面积大幅度提高,人居环境总体达到全面建成小康社会的要求。

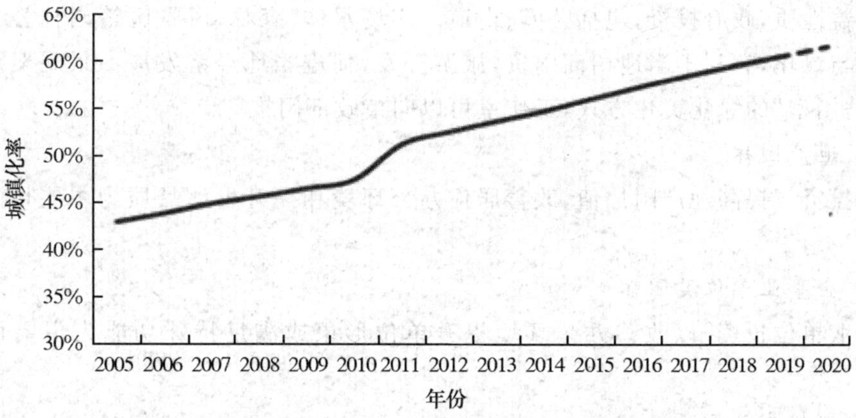

图 45 2005—2019 年我国城镇化率进展

数据来源:公开资料整理

9.4.2 新农村建设

2017 年 2 月,环保部(现生态环境部)和财政部联合印发《全国农村环境综合整治十三五规划》,明确指出到 2020 年新增完成环境综合整治的建制村 13 万个,累计达到全国建制村总数的 1/3 以上。目前已有 7.8 万个建制村得到整治,"十三五"期间新增数量将是之前数量的 1.67 倍。

园林绿化作为新农村建设中的重要组成部分,将受益于新农村建设的不断开展。近几年我国农村固定资产投资每年 1 万亿元左右,其中农村环境保护的公共财政支出亦较快增长,2018 年我国公共财政支出中农村生态环保达到 352.83 亿元(图 46)。

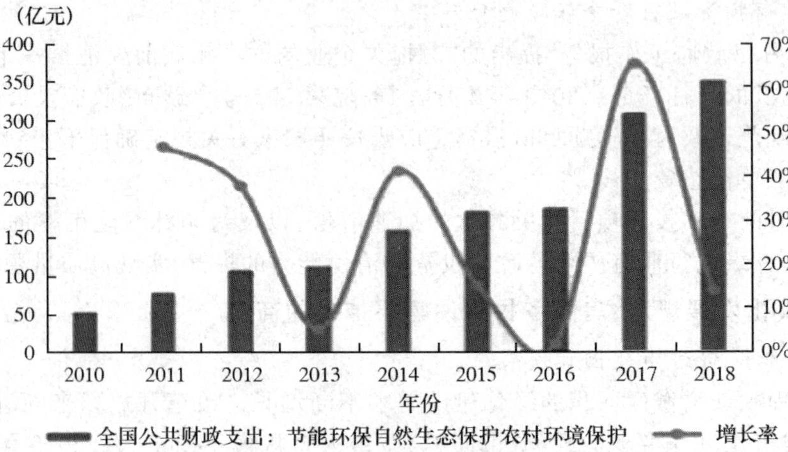

图 46　全国农村生态环保公共财政支出及增长率

数据来源：公开资料整理

9.5　市场定位

工作室依托国家对于大学生创业、校企合作等相关利好政策，抓住目前地摊经济建设、住建部创建国家园林城市活动、国家发改委大力推动城镇发展建设等机遇，开发“经济适用型”的绿化美化产品，借助企业资源，通过服务创新积累用户资源，进而创业并壮大。

9.5.1　市政类园林

具有公益性质，政府投资，包括公园、街道。广场水体、森林，风景区等园林公共绿色基础设施的建造与绿化，有利于当地招商引资，旅游开发，促进当地经济发展。景观架绿化模式是一种“经济适用型”的绿化美化方式，工作室可以向市政部门推广。

9.5.2　地产园林

地产商投资。提高地产附加值，改善居住办公环境和提升生活品质为主要目的的住宅地产商投资。

9.5.3　企事业单位类园林

由企事业单位投资，以改善办公环境提升单位形象或满足特殊功能为主要目的的园林最观。

9.5.4　花架生产厂商

工作室可以出售专利，由花架厂商生产、推广。

9.5.5　商业步行街

店铺与地摊文化一直有利益冲突，多功能景观架可以方便他们作为店铺的延伸。

9.5.6　各大园林公司

景观小品可以增加景观空间的气氛，提高环境舒适度，为城市生活增添情趣，是城市道路绿地景观的“画龙点睛”之笔。对于园林景观施工的大型公司不会针对景观小品进行细化设计，景观小品设计服务就是园林行业的细分市场，也是本工作室的任务所在。

9.5.7　花卉租摆公司

产品可售卖给花卉租摆公司，也可和租摆公司合作、推广。

10 工作室发展愿景和规划

10.1 项目愿景与发展规划

初期(第一年)成立星空景观工作室,宣传工作室。承接产品研发,推广经营,向本地园林企业提供景观小品细化设计服务。开设线上“星空景观”网站。迎合市场开发新的产品,补充市场空白。

中期(2～4 年)打造“星空景观”品牌。确定核心业务,稳定客户群体,与各大园林公司合作。

后期(第 5 年)扩大服务范围,向区外发展。扩大客户群体。扩大业务,定位市场,扩大品牌影响力。

10.2 带动就业

工作室现有 10 人,每年引入农职院园建系毕业生 20 人。产品年生产量从生产到落地使用,一年间接带动 1 000 人(图 47 至图 50)。

图 47 优秀毕业人才入选工作室就业

图 48 校企联合培养专业人才

图 49 项目实施带动就业

图 50 项目实施带动就业

11 营销策略

运用 020 模式,线上平台搭建线下资源(图 51)。

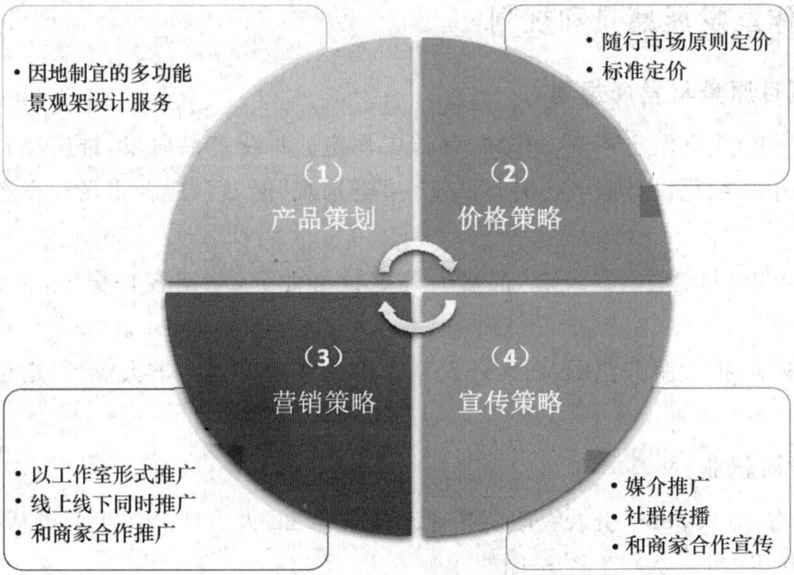

图 51　营销策略

11.1　线上渠道

通过"星空景观设计"网站平台、中国园林网、园林咨询网等，以及利用微信朋友圈、建立微信群、关注公众号赶集网、新浪博客、百度知道等进行软文推广，定期做朋友圈项目新品推介活动，吸引更多客户了解产品，扩大我们工作室的知名度，让更多人看到我们工作室。

11.2　线下渠道

利用企业资源提供设计服务、打造品牌核心能力。工作室与校企合作方式开发产品，利用企业人脉与步行街商业广场、市政管理局、各大园林公司、花卉租摆公司等达成协议，拓宽销路。

12　财务管理

12.1　资金来源

资金主要来源于股东投资 51.5 万元，企业投资 18.5 万元，共计 70 万元。

其明细见表 3：

表 3　资金来源构成表

名称	金额(万元)	占比(%)
略	10	14%
略	5	8%
略	3.5	5%
略	28	40%
略	6	9%

续表 3

名称	金额(万元)	占比(%)
略	5	8%
略	3	4%
略	2	2%
略	3.5	5%
略	1.5	2%
略	1.5	2%
略	1	1%
合计	70	100%

12.2 资金运用

股东与企业投入货币资金中有 20 万元主要用于办公费用和购买原材料预算,10 万元主要用于产品研发,5 万元主要用于推广宣传,18 万元主要用于人员工资,17 万元主要用于后期流动资金,货币资金来源及运用见表 4 至表 6、图 52。

表 4 资金运用一览表

项目	具体项目(货币资金来源)	金额(万元)
资金运用	办公费用购买材料预算	20
	产品研发	10
	后期流动资金	17
	推广宣传	5
	人员工资	18
	合计	70

12.3 营收预测

表 5 未来 3 年产品营收表

序号	产品服务	2021 年			2022 年			2023 年		
		数量/个	成本/万元	单价/万元	数量/个	成本/万元	单价/万元	数量/个	成本/万元	单价/万元
1	简约时尚	100	0.2	0.5	150	0.2	0.5	210	0.2	0.5
2	经典中式	100	0.2	0.5	150	0.2	0.5	210	0.2	0.5
3	多彩民族	45	0.2	0.5	75	0.2	0.5	160	0.2	0.5
4	异域风情	45	0.2	0.5	75	0.2	0.5	160	0.2	0.5

续表 5

序号	产品服务	2021 年			2022 年			2023 年		
		数量/个	成本/万元	单价/万元	数量/个	成本/万元	单价/万元	数量/个	成本/万元	单价/万元
产品总成本		58			90			148		
产品总收入/万元		145			225			370		
产品总利润		87			135			222		

表 6　未来 3 年营收预测表　　单位:万元

项目	2021 年	2022 年	2023 年
总收入	145	225	370
产品成本价	58	90	148
推广宣传	5	10	15
产品研发	10	15	20
人员工资	18	27	36
其他费用	5	10	15
净利润	49	73	136
税收率	25%	25%	25%
税后净利润	36.75	54.75	102

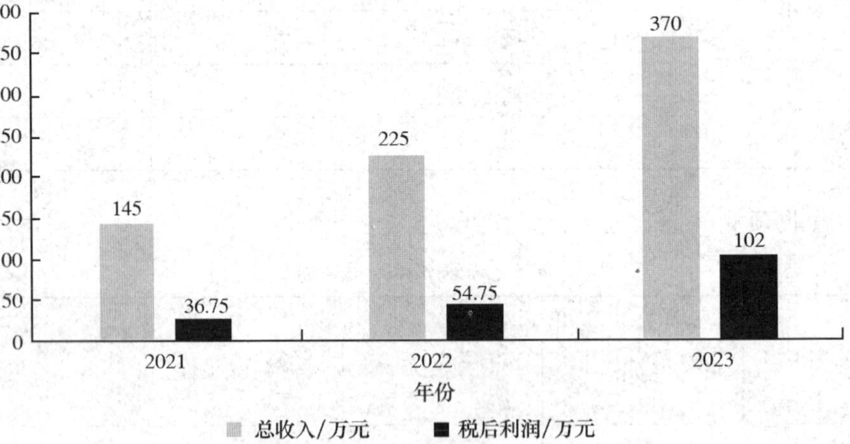

图 52　未来 3 年营收预测图

12.4　融资方案

根据公司的资金需求,公司采用如下资金筹集方案:创业公司成员自筹资金 51.5 万元 ,剩余的 18.5 万元资金缺口通过向企业融资进行解决(表 7)。

表 7　融资情况表

资金提供方	金额/万元	股份/%
股东	51.5	74
略	10	14
略	5	7
略	3.5	5
总计	70	100

13　团队介绍

13.1　学生团队

略

13.2　专家指导团队

略

13.3　商业顾问

略

14　附件

附件 1　社会认可：略

附件 2　专利：略

附件 3　工作室与 11 家企业签订合作意向书：略

附件 4　工作室已与 3 家公司签订融资的意向书：略

附件 5　荣获奖项：略

附件 6　上级领导认可：略

参 考 文 献

[1] 创办你的企业[M].北京:中国劳动社会保障出版社.2020.
[2] 戚健,张雅伦等.大学生创新创业实训[M].北京:北京理工大学出版社,2018.
[3] 徐小芳.北京市新中式居住区景墙立面设计研究[D].哈尔滨:东北林业大学,2019.
[4] 刘天明. 私家庭院的交互设计方法研究[D].长沙:湖南农业大学,2018.
[5] 胡慧娟.别墅庭院景观设计分析[J].北京:城镇建设,2020,6.
[6] 皮微.景墙在园林中的应用研究[D].长沙:中南林业科技大学,2012.
[7] 朱金梁,钟泰林等.新江南特色乡村庭院造园手法创新与实践[J].黑龙江农业科学,2021.
[8] 许燕平,张燕.大学生创新创业教育[M]. 上海:上海交通大学出版社,2016.
[9] 张胜利.中国休闲农业发展现状与对策研究[D].长沙:湖南农业大学,2014.
[10] 特色小镇 + 现代农业的经典案例:蓝城农庄小镇.北京:搜狐网.2019-05-23[2019-05-23] https://www.sohu.com/a/316120408_725908.
[11] 刘勇.休闲农业创新发展与规划[M].南宁:广西科学技术出版社,2019.
[12] 营销四要素是什么.北京:百度知道,2019 - 08 - 28.https://zhidao.baidu.com/question.
[13] 产品生命周期.北京:百度百科,https://baike.baidu.com/item/adding.
[14] 张振刚.挑战杯中国大学生创业计划竞赛指南[M]. 广州:华南理工大学出版社,2012.